CANTIQUES

POPULAIRES.

AVEC

MUSIQUE.

SUPPLÉMENT.

Paris

GRASSART, 2 Rue de la Paix.   CHASTEL, 4 Rue Roquépine.

DÉPÔT CENTRAL, 4 Place du Théâtre Français.

FISCHBACHER, 33 Rue de Seine.

1894.

CANTIQUES

POPULAIRES.

AVEC

MUSIQUE.

SUPPLÉMENT.

Paris

GRASSART, 2 Rue de la Paix.   CHASTEL, 4 Rue Roquépine.

DÉPÔT CENTRAL, 4 Place du Théâtre Français.

FISCHBACHER. 33 Rue de Seine.

1894.

TOUT en offrant à nos amis généreux—auteurs et éditeurs—l'expression d'une vive reconnaissance, une pensée touchante s'empare de nous. Deux hommes distingués* ont tout récemment disparu de leurs rangs! Ils ne s'occupent plus de la musique de la terre; ils n'entendent pas la voix de notre gratitude; ils ont *"franchi la barre!"* †

Dieu veuille nous accorder à tous de la franchir avec le *" sûr Pilote"* ‡ comme il en a été de celui qui consacra ses derniers moments à la rédaction de ces cantiques.

PARIS, 11 *Mai*, 1894.

---

* Le Révérend Brown-Borthwick et Sir Robert P. Stewart, Mus.D., Professeur à l'Université de Dublin.

† "Crossing the Bar:" beau chant de Lord Tennyson.

‡ Cantique 383, str. 2.

AUTEURS.

PROPRIÉTAIRES ET ÉDITEURS.

† Décédé.

Ne pas mentionner ici les conseils généreux et tout désintéressés de M. Henri d'Aubel, Organiste à l'Oratoire du Louvre, et de Mlle. Adelaide Thomas, Mus.B. Oxon., serait une omission grave. Non seulement ces amis ont contribué des morceaux originaux tout à fait charmants, mais, grâce à Mlle. Thomas, quelques anciennes mélodies se présentent en nouvelle toilette !

Un mot sur la *notation* diverse qui se trouve sur nos pages. A cet égard nous avons essayé de suivre autant que possible l'avis des auteurs ; la seule chose à remarquer, c'est que le *mouvement n'en dépend nullement ;* c'est le signe chiffré du métronome placé en tête de chaque Nᵒ· qui le détermine ; donc, il est parfaitement indifférent qu'un morceau soit écrit en blanches ou en noires.

Pour un certain nombre des airs le mouvement nous a été indiqué par les auteurs :—

♩=112 (*mouvement* ♩=112 *indiqué par l'auteur*).

♩=120 (*mouvement indiqué par l'auteur*).

♩=120.

mais ces indications ne sont pas données comme règle absolue : il serait pourtant bon de les suivre rigoureusement quand l'orgue annonce le Nᵒ· avant le chant : c'est alors que l'auditoire écoute—puis, il chante de son mieux, ayant pu saisir ce que veut lui dire une petite mélodie *bien phrasée*, éxécutée avec une *justesse parfaite*.

289. CHRIST EST MORT!

Avec autorisation.

♩= 96.

p Trois mots font cou - ler mes lar - mes : "Christ est mort !"

Trois mots cal - ment mes a - lar - mes : "Christ est mort !"

p

Elle est plus douce et plus bel - le Qu'u - ne mu - sique im - mor - tel - le,

crescendo. . . . . *f*

Cet - te pa - role é - ter - nel - le, "Christ est mort !"

2 En vain Satan me réclame :
     Refrain.
Mort pour sauver ma pauvre âme !
     Refrain.
mf Pour un pécheur misérable,
Le Tout-Puissant, l'Admirable,
f Le Saint des saints, l'Adorable.
     Refrain.

p 3 Cœur saignant de ta blessure,
     p Refrain.
Cœur chargé de ta souillure,
     Refrain.
Son sang lave et purifie
cr. Sa justice justifie
Quiconque en lui se confie :
     Refrain.

4 La douleur se change en joie :
     Refrain.
L'enfer a lâché sa proie :
     Refrain.
Dites à l'âme angoissée
Qui frémit à la pensée
De la Mort pâle et glacée :
     Refrain.

5 O ciel ! ouvre-moi tes portes :
     f Refrain.
Tressaillez, saintes cohortes :
     Refrain.
Et joignez à vos cantiques,
Sous les éternels portiques,
ff Ces paroles magnifiques :
     Refrain.

Y

290. JOYEUX HOSANNA.

Quand Dieu fit le mon - de Et que de sa main

La terre a - vec l'on - de Sor - ti - rent sou - dain,

Quand de la ver - du - re Le germe é - cla - ta,

Tou - te la na - tu - re S'é - mut et chan - ta:

"O Dieu, ta puis - san - ce Se montre en ce jour ;

Lou - ez sa puis - san - ce, Lou - ez son a - mour !"

2 Quand dans la nuit sombre
  L'homme révolté
Marchant seul dans l'ombre
  Fuyait la clarté,
Lorsque sonna l'heure
  Où, longtemps prédit,
Du ciel, sa demeure,
  Le Christ descendit—
Le chœur des saints anges
  Là-haut entonna
Un chant de louanges,
f Joyeux hosanna !

3 Lorsque sur la terre,
p Humble et méprisé,
Jésus, notre Frère,
  Eut le cœur brisé,
Quand, pour nous soustraire
dim. Au joug du péché,
pp Au bois du Calvaire
  Il fut attaché,
Le chœur angélique
cresc. Fit entendre encor
Son plus beau cantique
  Sur les harpes d'or.

4 Puis. quand, ô mystère,
  Il ressuscita,
Que vers Dieu son Père
  Le Fils remonta,
f Un cri de victoire
  Au plus haut des cieux
Célébra la gloire
ff Du Christ radieux.
Qu'un chant d'allégresse
  Monte jusqu'à toi
De nos cœurs sans cesse,
fff Jésus, notre Roi !

A - men.

291. IL FAUT, GRAND DIEU!

Il faut, grand Dieu! que de mon cœur La sainte ar-
Qu'à toi, des mains et de la voix, De-vant les

-deur te glo-ri-fi-e;
rois, Je psal-mo-di-e.

J'i-rai t'a-do-rer, ô mon

Dieu! En ton saint lieu, D'un nouveau zê-le; Je chan-te-

-rai ta vé-ri-té, Et ta bon-té Toujours fi-dè-le.

2 Si mon cœur dans l'adversité
Est agité,
Ta main m'appuie ;
Car c'est ton bras qui me soutient
Et qui maintient
Ma triste vie.
Quand je suis le plus abattu,
C'est ta vertu
Qui me relève ;
Ce qu'il t'a plu de commencer,
Sans se lasser
Ta main l'achève.

292. LE MÉPRISÉ DES HOMMES.

♩ = 100.

Avec autorisation.

Obs - cur et pauvre au mon - de pré - sen - té, Nous le voy - ons sans
é - clat, sans beau té. Ce Roi des rois, ce Fils du Pè - re, Vit
i - ci - bas dans la mi - sè - re. Il s'est char - gé de

REFRAIN.

tou - tes nos lan-gueurs, Et sur la Croix a por - té nos dou - leurs.

2 Ce bon Sauveur, comme il est méprisé !
   Qu'en y pensant notre cœur soit brisé.
   Pour nous il vit dans l'indigence,
cresc. Pour nous il connaît la souffrance.
                              Refrain.

3 De tous les siens il est abandonné,
   Frappé de coups, d'épines couronné ;
   Du démon la foule complice
   Demande à grand cris son supplice.
                              Refrain.

4 Que ce Jésus que nous avons percé
   Dans notre cœur par la foi soit placé ;
   Car sa mort, qui nous justifie,
 f Par la foi devient notre vie.
                              Refrain.

293. GLOIRE AU RESSUSCITÉ.

À toi la gloi - re, O Res - sus - ci - té !

À toi la vic - toi - re Pour l'É - ter - ni - té !

Bril - lant de lu - miè - re, L'ange est des - cen - du,

Il rou - le la pier - re Du tom - beau vain - cu.

2 Vois-le paraître :
C'est lui, c'est Jésus,
Ton Sauveur, ton Maître !
Oh ! ne doute plus.
Sois dans l'allégresse,
Peuple du Seigneur,
Et redis sans cesse
Que Christ est vainqueur.
Chœur.

3 Craindrais-je encore ?
Il vit à jamais
Celui que j'adore,
Le Prince de paix ;
Il est ma victoire,
Mon puissant soutien,
Ma vie et ma gloire :
Non, je ne crains rien.
Chœur.

A - men.

294. CHRIST EST PRÉCIEUX.

♩ = 100.

Chré - tiens, chan - tons sans ces - se La bon - té du Sei - gneur ! Qu'u -
ne sainte al - lé - gres - se Rem - plis - se no - tre cœur !

{ Un sa - lut é - ter - nel
  Est des - cen - du du Ciel ; } Nous a - vons un Sauveur, Nous a - vons un Sau - veur !

2 Au trône de la grâce
   Si nous levons les yeux,
   Nous rencontrons la face
   D'un Sauveur glorieux ;
   Il est notre Avocat ;
   Pour les siens, il combat,
   Toujours victorieux. (bis)

3 Bientôt, vêtu de gloire,
   Du Ciel il reviendra ;
   Consommant sa victoire,
   Il nous affranchira.
   Oui, son heureux enfant,
   Avec lui triomphant,
   Tel qu'il est le verra. (bis)

295. DIEU EST AMOUR.

♩ = 88.

Avec autorisation.

Le Dieu Fort est no - tre Pè - re, Il est a - mour !

Il en - tend no - tre pri - è - re, Il est a - mour !

Il n'est i - ci rien de sta - ble, Tout est vain et pé - ris - sa - ble,

Dieu seul de - meure im - mu - a - ble, Il est a - mour !

2 Le Dieu très Saint est fidèle, *Refrain.*
Sa faveur est éternelle, *Refrain.*
Oui, sa bonté, sa puissance,
cr. Sa charité, sa clémence,
Brillent d'un éclat immense !
f Il est amour !

3 En son Fils Dieu se révèle, *Refrain.*
Sa promesse est immortelle, *Refrain.*
p Jésus, sur le bois infâme,
Mourut pour sauver notre âme :
cr. Que tout ce qui vit proclame
ff Son grand amour !

296. "LOUEZ L'ÉTERNEL, CAR IL EST BON."

Strophe I.
♩ = 100.

1. Gloire à Dieu sur la ter - re Et dans les plus hauts cieux!
   A lui seul la pri - è - re De nos cœurs bien-heu-reux.

Ac - cep - te nos lou - an - ges Du sé - jour où tu vis; A-

- do - rez le, saints an - ges, Hô - tes du pa - ra - dis:

Strophe II. *à l'unisson les 4 premières lignes.*

p

2. Nos yeux voi - lés de lar - mes, Vers toi seul sont tour - nés, Dans

En har-
monie.
fff

la nuit des a - lar - mes Tu nous as con - so - lés: Gloire, hon-neur et lou - an - - ges Au Christ Con-so-la - teur, Les

hom-mes et les an - - ges Re - di-sent sa gran - deur.

STROPHE III.

3. Mal - gré la nuit qui tom - - be Mon cœur est sans ef - froi,
Mal - gré la mort, la tom - - be Est un ber-ceau pour moi!

cres. f

Mon âme, ou-vrant son ai - - le, Vers Dieu s'en-vo - le - ra, Et

ff

la porte é - ter - nel - le De - vant moi s'ou-vri - ra. A - men.

297. "L'HÉRITIER DE TOUTE CHOSE."

♩ = 116.   Avec autorisation.

mf

1. Fils né de l'amour du Pè - re A - vant la terre et les

cieux, De tou - te chose, ô mys - tè - re! Prin-cipe et Fin en tous

cres.   presser.

p

lieux, En toi seul notre âme es - pè - re Un a - ve - nir glo - ri -

REFRAIN.   *à pleine voix.*
f *plus lent.*

- eux.   A   toi   seul   gloire   à   tou - jours.

Variante pour strophes 2 et 3.
plus lent

A lui seul gloire à   tou - jours!
A toi seul gloire à   tou - jours!

3 Rachetés de la misère
  Et délivrés par ta mort,
  Nous aussi, de cette terre
  Avec ceux qui sont au port,
cr. Unissant notre prière
  Nous te disons, ô Dieu fort :
  A toi seul, etc. *ff*

2 Dans les hauts cieux on adore
  Jésus, notre Rédempteur :
  Le jour, la nuit, dès l'aurore,
  Les anges chantent en chœur :
  Saints bienheureux, vous encore
  Vous chantez en son honneur :
  A lui seul, etc. *ff*

A - - men.

298. LE BAPTÊME DU SAINT-ESPRIT.

♩ = 96.

Avec autorisation.

1. Es - prit di - vin, Es - prit de flam - me, Viens des cieux em - bra - ser notre â - me! Es - prit de con - so - la - ti - on, Ré - pands sur nous ton onc - ti - on; Dans no - tre cœur, ton sanc - tu - ai - re, Ver - se la vie et la lu - miè - re.

2 Viens, de nos yeux tarir les larmes,
Dissiper nos vaines alarmes,
Et, de ta force armant nos cœurs,
Du péché nous rendre vainqueurs.
Illumine la sombre voie
Qui mène à l'éternelle joie.

3 Gloire à l'Esprit, de qui procède
Tout bienfait, qui soupire, plaide,
Pour le pécheur, humble et contrit.
O Père, ô Fils, ô Saint-Esprit,
Nos cœurs, pleins d'amour et de crainte,
T'adorent, ô Trinité Sainte !

A - men.

299. LE CONSOLATEUR.

1. En ex-pi-rant, le Ré-dempteur Lais-sa, don su-prê-me, A son peuple un Con-so-la-teur, Dieu lui - mê - me.

mf 2 Dans tous les cœurs l'Hôte divin
Veut prendre une place,
Et personne n'implore en vain
Cette grâce.

p 3 Sans se lasser, sa douce voix
Console ou châtie ;
Et tout-bas nous chante parfois
La Patrie !

4 Toutes nos vertus sont le fruit
Dont il est la sève ;
Il commence l'œuvre et c'est lui
mf Qui l'achève.

5 Esprit de lumière et de paix,
Ah ! que dès cette heure,
Nos cœurs deviennent à jamais
Ta demeure.

A - men.

(Se chante aussi sur l'air qui suit.)

Avec autorisation.

1. En ex-pi-rant, le Ré-demp-teur Lais-sa, don su-prê-me,

Ped.

A son peuple un Con-so-la-teur, Dieu lui - mê - me.

A-men.

300. NOS ÂMES T'IMPLORENT.

♩ = 92.   Avec autorisation.

1. Jé - sus, au nom saint et doux, Qui vou-lus por - ter pour nous

Le poids du di - vin cour-roux, Nos â - mes t'im - plo - rent. A - men.

Fin.

2 Par ta divine bonté,
Par ta sainte humilité,
Par ta tendre charité,
Nos âmes t'implorent.

3 Par le jour où tu fléchis,
Sous l'opprobre et le mépris,
Par la mort que tu souffris,
Nos âmes t'implorent.

p 4 Par l'heure où Gethsémané
T'a vu gémir prosterné,
Et des tiens abandonné,
Nos âmes t'implorent.

pp 5 Par la coupe de douleur,
Que tu bus pour nous, Seigneur,
Par ta sanglante sueur,
Nos âmes t'implorent.

ppp 6 Par ton corps qui fut percé,
Et sur la croix exposé,
Par ton sang pour nous versé,
Nos âmes t'implorent.

f 7 Par l'amour qui fît de toi,
Notre Maître et notre Roi,
En nous rangeant sous ta loi,
Nos âmes t'implorent.   Amen.

301. "JE ME TIENS À LA PORTE."

♩ = 88. *p* — *cres.*

1. Pé - cheur ! Je me tiens à ta por - te ! Quit-tant mon ciel pour te l'of-

mf — *p*

- frir, C'est ton sa - lut que je t'ap - por - te : Veux-tu m'ou-vrir, veux-tu m'ou

REFRAIN.

- vrir ? Pécheur ! Je me tiens à ta por - te ! Fi - ni - rai - je par t'at-ten-

mf — *p* — *pp*

- drir ? Entends-tu ma voix douce et for-te ? Veux-tu m'ouvrir, veux-tu m'ou-vrir ?

2 Pour toi j'ai gravi mon Calvaire,
Et pour toi j'ai voulu mourir,
En épuisant la coupe amère :
  f Veux-tu m'ouvrir *(bis)* ?
    p Refrain.

3 J'ai souffert ma longue agonie
pp Pour te sauver, pour te guérir :
J'ai payé ta dette infinie :
  mf Veux-tu m'ouvrir *(bis)* ?
    p Refrain.

4 Je t'offre la vie éternelle :
Tes refus me font trop souffrir !
Pauvre cœur, trop longtemps rebelle,
  f Veux-tu m'ouvrir *(bis)* ?
    p Refrain.

302. PUBLIEZ LA NOUVELLE.

♩= 88. *mf*

1. Pub - li - ez bien haut la gran - de Nou-vel - le! Le ciel est ou - vert à
tout être hu -main : La route est tra - cée, un Gui - de fi - dè - le
Vous con-dui-ra par la main. Le sa-lut pour tous, le sa - lut par grâ - ce,
A tous est of - fert, à tous est don - né. Oh ! ve-nez, pé - cheurs,
ve - nez, le temps pas - se ; Dieu vous a tout par - don - né.

2 Publiez bien haut la grande Nouvelle !
Le sang de Jésus a tout effacé.
Où que vous soyez, c'est vous qu'il
Vous qui l'avez offensé.   [appelle,
                              Chœur.

3 Publiez bien haut la grande Nouvelle !
Au loin comme au près faites-la courir,
Partout où se trouve une âme rebelle,
Un pécheur à secourir.   *Chœur.*

303. "VENEZ À MOI."

Avec autorisation.

♩=92. *mf*

1. Ve -nez à moi, nous dit Jé -sus; C'est moi qui vous sou - la - ge.

Vous qui pleu-rez, ne pleu - rez plus, Et re - pre - nez cou - ra - ge.

Je veux ef - fa - cer à ja-mais La tra - ce de vos lar - mes,

Vous ré - vé - ler les char - mes De l'é - ter - nel - le paix.

2 Venez à moi, vous qui tremblez,
  Battus par la tempête ;
  Rassurez-vous, ô cœurs troublés,
  J'entends votre requête ;
p Vos tristes soupirs dans la nuit,
  L'écho de votre plainte :
  Près de moi toute crainte
  Se dissipe et s'enfuit.

3 Venez, ô vous qui faiblissez
  Et tombez sur la route,
  Vaincus dans le combat, lassés ;
  Venez ! plus de déroute.
  Je rendrai forts vos faibles cœurs ;
  Votre adversaire en fuite
  Disparaîtra bien vite,
  Et vous serez vainqueurs !

4 Venez à moi ; j'accueillerai
  Quiconque me réclame ;
  A tout pécheur je donnerai
  La douce paix de l'âme.
plus lent. p —Merci, Seigneur, pour ta bonté !
  Je veux louer sans cesse
  Ta divine tendresse
  Et ta fidélité.

A - men.

Z

304. "JE VOUS DONNERAI LE REPOS DE VOS ÂMES."

1. Viens, â-me per-du-e, Viens à ton Sau-veur!

Vois sa main ten-du-e, Sai-sis-la sans peur...

C'est lui qui t'in-vi-te: Ré-ponds à sa voix;

Si ton cœur hé-si-te, Re-garde à la croix...

♩. = 120. *f*

Oui, la vic - toi - re,— Tu l'au - ras, . .

presser un peu.

Et pour sa gloi - re,— Tu vi - vras. . .

à temps.

Jé - sus t'ap - pel - le ;— En a - vant ! . .

Il est fi - dè - le— Et puis - sant. . . .

2 Viens ! son sang expie
  Ton iniquité,
  Et donne la vie
  Pour l'éternité.
  Il meurt à ta place,
  Il souffrit pour toi ;
  Accepte sa grâce,
  Et dis avec toi :
f "Oui, la victoire,—Je l'aurai,
Et pour sa gloire—Je vivrai.
Jésus m'appelle :—En avant !
Il est fidèle—Et puissant."

3 A toi je veux être,
  A toi pour toujours !
  Jésus, sois mon Maître,
  Ma paix, mon secours,
  Ma seule espérance
  Mon unique bien ;
  Sois ma délivrance,
  Mon ferme soutien !
f Oui, la victoire,—Nous l'aurons,
Et pour sa gloire—Nous vivrons.
Une couronne—Nous attend ;
Jésus la donne :—En avant !

305. "IL CHERCHE SA BREBIS PERDUE."

Quatuor.
♩ = 96.

1. Voi - ci ve - nir l'o - ra - ge, L'ho - ri - zon s'as-som - brit; La mon - ta - gne sau - va - ge Dis - pa - raît dans la nuit. Ber - ger, Ber - ger fi - dè - le, Ar - rête i - ci tes pas. —"Non, ma bre - bis m'at - tend là - bas; Je l'en - tends qui m'ap - pel - le."

mf 2 L'ouragan se déchaîne,
O Berger, fuis ces lieux,
Il te reste en la plaine
Un troupeau si nombreux.
p —"Et ma brebis perdue,
Qui voudra la chercher?
Non, tremblant au bord du rocher,
Elle attend ma venue."

mf 3 La nuit devient plus sombre,
Le vent souffle plus fort,
Et le Berger, dans l'ombre,
Avance avec effort.
Enfin il l'a sauvée !...
Oh ! joyeux, sur son cœur
Comme il la serre avec bonheur,
La brebis retrouvée !

306. ARRÊTE, Ô PÉCHEUR, ARRÊTE!

♩ = 102. *mf*

1. Ar - rête, ô pé - cheur, ar - rê - te! Il est som - bre le che- min
Où tu vas, bais-sant la tê - te, N'o - sant pen - ser à ta fin.

REFRAIN.

Re - viens au Dieu qui par - don - ne, Qui re - lè - ve le pé - cheur :
Il ne re - pous - se per - son - ne ; Viens, c'est un Li - bé - ra - teur.

f 2 Trop longtemps, dans la misère,
Dans la honte et le remords,
Tu t'es débattu, mon frère ;
Laisse-là ces vains efforts.—*Refrain.*

3 Tu pourras, dans la lumière,
Marcher libre avec ton Dieu,
Et le bon regard du Père
Te guidera du saint lieu.—*Refrain.*

4 Puis, au terme du voyage,
Là-haut, dans l'éternité,
Tu recevras l'héritage
Que Dieu donne au racheté.—*Refrain.*

5 Arrête, ô pécheur, arrête !
Ton Dieu t'appelle aujourd'hui ;
A te sauver il s'apprête ;
Ne tarde pas, viens à lui.—*Refrain.*

A - men.

307. UN BON ACCUEIL.

1. { O vous qui n'a-vez pas la paix, Venez, Jé-sus la
   { Pu - re, pro-fonde et pour ja - mais :

don - ne, Ve - nez, Jé - sus par don - ne. Quand

Jé - sus rem - plit un cœur, Il dé - bor - de de bon - heur, Et

ralentir beaucoup.

l'ef - froi ne l'at-teint plus: Gloire, gloire à Jé - sus !

2 Vous qui tombez à chaque pas,
mp Venez, Jésus délivre ;
  Celui qui se jette en ses bras
    Peut à toujours le suivre.
  Quand Jésus remplit un cœur
  Il déborde de bonheur,
    Car il ne chancelle plus :
    Gloire, gloire à Jésus !

3 Vous qui tremblez sous la terreur
mp Que la mort vous inspire,
  Venez, notre Libérateur
    A détruit son empire.
f Avec lui nous revivrons,
ff Avec lui nous règnerons,
fff Et la mort ne sera plus :
    Gloire, gloire à Jésus !

A - men.

308. "IL NE METTRA POINT DEHORS."

♩ = 92.   Avec autorisation.

1. Ve - nez au Prin - ce de la vi - e, Pécheurs, ve - nez a

Jé - sus - Christ : Votre âme en lui se - ra bé - ni - e ;

Sur vous des - cen - dra son Es - prit ! Qui l'aime a - vec sin -

- cé - ri - té De lui n'est ja - mais re - je - té.

2 Partout sur la terre et sur l'onde
Il sauve, il protège, il défend :
Jusqu'aux extrémités du monde
Son pouvoir, son amour s'étend :
f Qui l'aime avec sincérité
De lui n'est jamais rejeté.

3 O Jésus-Christ, Sauveur propice,
Attire tous nos cœurs à toi !
Fais-nous obtenir la justice
Et la paix qui vient par la foi :
f Qui t'aime avec sincérité
De toi n'est jamais rejeté.

* Intercalation.

A - men.

309. AUJOURD'HUI!

♩ = 88.

1. Viens à Jé - sus, il t'ap - pel - le, Il t'ap-pelle au-jour-d'hui. Trop

long-temps tu fus re - bel - le: Au - jour-d'hui viens à lui!

p 2 Jésus t'aime, Jésus t'aime,
    Jésus t'aime aujourd'hui.
/| Malgré ta misère extrême
    Aujourd'hui viens à lui !

3 Il pardonne, il pardonne,
    Il pardonne aujourd'hui.
/| Reçois le salut qu'il donne,
    Aujourd'hui viens à lui !

4 Il efface, il efface
    Tes péchés aujourd'hui.
/| Ce jour est un jour de grâce,
    Aujourd'hui viens à lui !

A - men.

310. A CEUX QUI SONT LASSÉS.

♩ = 96.

Avec autorisation.

1. O toi dont l'âme i - so - lé - e, Gé - mit loin de Dieu,

Au mal qui l'a dé - so - lé - e Dis: "A - dieu !"

2 Prends enfin la route étroite
    Qui mène au bonheur,
Mets ta main dans la main droite
    Du Seigneur.

3 Elle est douce, elle est puissante
p Pour te soutenir ;
Elle s'ouvre bienfaisante
    Pour bénir.

4 Bientôt, joyeux, d'un coup d'aile
    Tu t'envoleras ;
/| Dans la patrie éternelle
    Tu vivras.

5 Loin de nos douleurs plaintives,
    Auprès du Seigneur,
/| Tu boiras aux cours d'eaux vives
f Du bonheur.

311. CELUI QUI PARDONNE, RELÈVE, CONSOLE.

♩ = 76.

1. Ve - nez à Ce - lui qui par - don - ne Aux pé-cheurs qui n'es -

- pé - raient plus ! C'est aux plus pau - vres qu'il se - don - ne,

Il peut sau - ver les plus per - dus. Son sang, qui cou - le
Ce que l'o - cé - an,

dal 𝄋 al fine.

sur le mon - de, Peut seul ef - fa - cer et blan - chir
sous son on - de, Ne fe - rait pas mê - me pâ - lir !

Fin.

2 Venez à Celui qui relève
Ceux qu'on vit descendre si bas
Que leur salut paraît un rêve
Dont on rit et qu'on ne croit pas.
Sur la pécheresse qui pleure
Il imprima son sceau divin
Le brigand, à la dernière heure,
N'implora pas sa grâce en vain.

3 Venez à Celui qui console
Les inconsolables douleurs :
Venez apprendre à son école
L'art divin de sécher les pleurs.
Comme il a répandu des larmes,
Il peut aussi les essuyer ;
Et la douleur lui rend les armes,
Car il a souffert le premier.

312. "JOYEUX APPEL, DIVIN APPEL."

♩. = 66.

1. De Jé-sus entends-tu la voix, Di-vin ap-pel d'a-mour?

O mon frère, il s'a-dresse à toi, Di-vin ap-pel d'a-mour!

Doux mes-sa-ge de grâ-ce, Christ tes pé-chés ef-fa-ce:

REFRAIN.

Joy-eux ap-pel, di-vin ap-pel, Di-vin ap-pel d'a-mour!

Joyeux ap - pel, di - vin ap - pel, Di - vin ap - pel d'a - mour !

2 Il t'appelle encore, ô pécheur !
   Divin appel d'amour !
   Viens, mon fils, viens à ton Sauveur :
   Divin appel d'amour !
   Son amour te réclame,
   Il veut guérir ton âme,—
                    Refrain.

3 A sa voix qui peut résister ?
   Divin appel d'amour !
   Il s'est donné pour nous sauver,
   Divin appel d'amour !
   O Jésus, notre Maître,
   A toi nous voulons être ;—
                    Refrain.

313. "LA RETRAITE CONTRE LA TEMPÊTE."

♩ = 120. *Mouvement indiqué par l'auteur.*   Avec autorisation.

1. Je suis en - voy - é du Pè - re—M'a dit le Sauveur,—Pour te

con - dui - re, mon frè - re, Au bon - heur. Au bon - heur.

2 Sous le nuage du doute,
   Quand tu ne vois pas
   Le ciel briller sur ta route,
   Suis mes pas.

3 Viens à moi dans tes tristesses,
   Je sais compatir,
   Et je peux dans les détresses
   p   Secourir.

4 Et quand de tes jours la flamme
   Enfin s'éteindra,
   Remets sans crainte ton âme
   p   Dans mes bras.

314. "NOUS AVONS LA GUÉRISON PAR SA MEURTRISSURE.

♩ = 100. *mf*

1. O bon - ne nou - vel - le! Dieu donne en Jé - sus La

Chœur. *ff*

vie é - ter - nel - le Aux pé - cheurs per - dus. Puis -

- san - ce, ri - ches - se, For - ce, gloire, hon - neur, Lou -

- ange et sa - ges - se A no - tre Sau - veur!

2 Victime innocente,
p Jésus a porté
Sur la croix sanglante
Notre iniquité.
Chœur. ff

3 Dans ses meurtrissures
p Est notre pardon,
Et dans ses blessures
Notre guérison.
Chœur. ff

4 En Christ la victoire
f Et la sainteté,
La vie et la gloire
Pour l'éternité.
Chœur. ff

A - men.

315. "JE LÈVE LES YEUX VERS LES MONTS."

♩= 108. (Psaume cxxi.)

1. Je lè - ve les yeux vers les monts que j'ai - me;
D'où peut me ve - nir i - ci le se - cours? Le secours me vient
de l'É - ter - nel mê - me, Du Dieu qui cré-a les nuits et les jours.

p 2 Pourra-t-il souffrir que ton pied chancelle ?
Ton gardien peut-il sommeiller jamais ?
cres. Non, il ne dort pas, le gardien fidèle,
dim. Celui qui maintient Israël en paix.

mp 3 Pour toi l'Éternel est une retraite ;
Il te sert à droite et d'ombre et d'appui :
Le soleil ne peut frapper sur ta tête,
Ni la lune à l'heure où le jour a fui.

cres. 4 Il te gardera de tout mal possible ;
Il garde ton âme, il garde tes jours ;
f Il te gardera ! rentre ou sors paisible :
L'Éternel sur toi veillera toujours.

A - men.

316. PRENDS MA MAIN.

♩ = 104.

1. Prends ma main dans la tien - ne, Et qu'en tout lieu
Ta droi - te me sou - tien - ne, Sei - gneur, mon Dieu !

Com - ment donc sans ton ai - de Me di - ri - ger, Si

je ne te pos - sè - de Dans le dan - ger ?

2 Ah ! lorsqu'on s'abandonne
  Entièrement—
  Sur ton cœur qui pardonne,
p Quel doux moment !
  Le devoir s'illuminè,
  Tout est aisé :
  Courageux l'on chemine,
dim. Calme, apaisé.

3 Mais si l'orage gronde,
  Si tout m'est pris,
  Si la mer est profonde,
p Et le ciel gris,
  Que ta voix me soutienne
  Même en ce lieu,
  Que ma main dans la tienne
dim. Reste, ô mon Dieu !

A - men.

317. LE DIVIN PASTEUR.

♩ = 120.
Avec autorisation.

1. Jé - sus, di - vin Pas - teur, Ta voix bien con - nu - e
Ras - su - re no - tre cœur Quand la som - bre nu - e
Nous dé - ro - be les cieux, Ou lors - que l'o - ra - ge
Vient sur nous fu - ri - eux, Dé - chaî - ner sa ra - ge.

2 O Jésus, vrai Pasteur,
mf Nous voulons te suivre,
Car pour nous le bonheur
N'est-il pas de vivre
p Dociles sous ta main ?
Avec toi pour Guide
cres. Le plus âpre chemin
N'est jamais aride !

3 O Jésus, doux Pasteur,
Ta brebis lassée
Succombe à la langueur ;
Porte-la pressée

p Tendrement dans tes bras !
Je t'appelle, écoute !
cres. Ne m'abandonne pas
Sur la longue route !

4 O Jésus, bon Pasteur,
La brebis perdue
D'un Ami, d'un Sauveur,
Attend la venue.
p Seigneur, viens la chercher !
La pauvre rebelle
cres. Accourra se cacher
Dans ton sein fidèle.

318. JE SUIS LE BON PASTEUR.

Avec autorisation.

Solo, *ou à l'unisson.*

Orgue. 1. Sans boussole et sans gui - de, Je marchais tris - te - ment Tout

seul, et l'â - me vi - de; Dur é - tait mon tour - ment! Quand

ta voix douce et ten - dre, Jé - sus, se fit en - ten - dre: "Tour -

- ne vers moi ton cœur, Cré - a - tu - re souf - fran - te, Pau -

- vre bre - bis er - ran - te, Je suis le Bon Pas - teur." . .

f

"Tour- ne vers moi ton cœur, Cré - a - tu - re souf- fran - te, Pau-

Ped.

- vre bre - bis er - ran - te, Je suis le Bon Pas - teur."

2 Hésitant à te suivre
J'étais silencieux ;
Mon cœur préférait vivre
Sans toi, loin de tes yeux ;
p Quand ta voix douce et tendre,
cresc. Se fit encore entendre :
"Tourne vers moi ton cœur," etc.

3 Mais ta voix qui console
M'a transpercé soudain ;
Je crus à ta parole,
Et je saisis ta main ;
cresc. Ton appel doux et tendre
Se fit encore entendre :
"Je veux guérir ton cœur,
Créature souffrante,
Pauvre brebis errante,
Je suis le Bon Pasteur."

4 Et maintenant j'avance
Sur le chemin des cieux
Où ton amour immense
Me conduit tout joyeux ;
Et ta voix douce et tendre
Toujours se fait entendre :
"Je veux guérir ton cœur," etc.

A - men.

2 A

319. PAR LA FLAMME ET LA NUÉE.

♩ = 80.

Avec autorisation.

1. Par la flamme et la nu - é - e, Gui - de - moi dans le che - min !

À mon âme ex - té - nu - é - e Daigne, ô Dieu ! ten - dre la main.

Pain de vi - e Ras - sa - si - e L'ex - i - lé qui meurt de faim.

2 Comme une onde salutaire,
   Que ta grâce coule à flots,
   Que mon cœur s'y désaltère,
   Et, trouvant le vrai repos,
   Qu'il te suive
   Sur la rive
   Où tu mènes tes troupeaux.

p 3 Et, s'il faut que je descende
   Dans le fleuve de la mort,
cresc. Dieu-Sauveur ! que je t'entende
   M'appeler sur l'autre bord !
   f O Lumière
   Du Calvaire
   Tu me conduiras au port !

A - men.

320. LE VOYAGE TERRESTRE.

♩. = 80.

1. Je dois voy - a - ger au mon - de Comme un es - quif sur les

cres.

eaux, Et la tem - pê - te qui gron - de Dé - jà fait mu - gir les flots.

Chœur.

Christ est ma vi - e; Il est mon Roi; . .

Tou - jours il pri - e No - tre Pè - re pour moi. .

2 Il m'a donné la boussole
   Qui, sans erreur, pointe au port ;
   C'est sa vivante Parole ;
   Avec elle, point de mort.
                    Chœur.

3 Et si vient le sombre orage,
   Si tout semble menaçant,
   Mon Pilote m'encourage
   De son regard tout-puissant.
                    Chœur.

321. JÉSUS, JÉSUS, VIENS À MOI.

♩ = 96.

1. Jé - sus, Jé - sus, viens à moi ! Mon cœur sou - pire a - près toi. Qu'elle est lon - gue, ton ab - sen - ce ! En - tre nous quel - le dis - tan - ce ! Nuit et jour, plei - ne d'é - moi, Mon âme, ô Sau - veur, t'ap - pel - le :

Orgue.

cresc.

A - mi tendre, A - mi fi - dè - le,

ralentir. *à temps.*

Jé - sus, Jé - sus, viens à moi!

2 Lorsque je ne te vois pas
  Tout paraît sombre ici-bas :
  Il n'est de voix que la tienne
  Qui me charme et me soutienne.
cresc. Toi seul, ô mon divin Roi,
  Es ma force et ma lumière :
  Ah ! réponds à ma prière,
  Jésus, Jésus, viens à moi !

3 Viens habiter dans mon cœur ;
  Qu'il soit ton temple, ô Seigneur !
  Alors, avec patience,
  J'attendrai ta délivrance
  Le jour où, tremblant d'effroi,
  Le monde verra ta face,
  Le jour de paix et de grâce
  Où tu reviendras à moi !

A - men.

322. LE DÉSIRÉ DE LA TERRE.

♩ = 84.

Avec autorisation.

ff 1. O Dé - si - ré de la ter - rë, A - mour et gloi - re dès cieux

f Mon Roi, mon Sauveur, mon Frè - re, Me voi - ci de - vant tes yeux,

p O face auguste et se - rei - ne! Grâce ai - mable et sou - ver - rai - ne!

Verse en moi tes dons par - faits, Lu - mière, es - pé - rance et paix.

ff 2 Jésus est le nom sublime
De notre Libérateur ;
Jésus a comblé l'abîme
Entre l'homme et son Auteur.
p Son nom est doux à ma bouche,
Il me console, il me touche ;
cresc. Seul, il a pu convertir
dim. Mes remords en repentir.

3 Bon Sauveur ! sois ma retraite,
Ma joie et mon réconfort,
Mon abri dans la tempête,
Ma vie, enfin, dans la mort.

p Vois ma blessure profonde :
Guéris-moi, guéris le monde,
cresc. Fais voir son inimitié
dim. Moins forte que ta pitié.

A - men.

323. EN HAUT!

♩ = 112. *Mouvement indiqué par l'auteur.*   Avec autorisation.

Voix.

1. Je vou- drais sans ces - se É - le - ver à toi

Orgue.

♩ = 112.

Un chant d'al - lé - gres - se, Ô Christ, ô mon Roi

Faire à tous en- ten- dre Mon hym- ne vain- queur,

A tes pieds ré- pan- dre Mes biens et mon cœur.

p 2 Sombre était ma vie :
   Tu m'as visité ;
∧ Mon âme ravie
 p A vu ta clarté.
   Chaque jour qui passe
pp   Me redit tout bas
cresc. L'ineffable grâce
 f Qui ne passe pas.

p 3 Mon sentier se dore
cresc. D'un reflet du ciel,
   J'entrevois l'aurore
 p Du jour éternel :
∧ Il monte et rayonne
   Dans le ciel lointain :
 f Celui qui pardonne
   M'a pris par la main.

4 O Sauveur fidèle,
   Soutiens mon essor :
   Volons, d'un coup d'aile,
 p Vers les portes d'or !
∧ Là, parmi les anges
   Sans cesse ma voix
   Dira tes louanges
ff O Christ ! Roi des rois !

A · men.

324. "CETTE JOIE EXCELLENTE."

♩ = 88.

1. Je la con - nais, cet - te joie ex - cel - len - te,

Que ton Es - prit, Jé - sus, met dans un cœur.

Je suis heu - reux, oui, mon âme est con - ten - te,

Puis - que je sais qu'en toi j'ai mon Sau - veur.

2 Tu m'as aimé, moi, vile créature,
   Jusqu'à t'offrir en victime pour moi ;
   Ton propre sang a lavé ma souillure,
   f Et, par ta mort, je suis vivant pour toi.

Que puis-j e donc désirer sur la terre,
   Puisque je suis l'objet de ton amour,
   Puisque ta grâce, ô Sauveur débonnaire
   f Dès le matin me prévient chaque jour ?

4 Ah ! que mon âme, en parcourant sa voie,
   S'égaie, ô Dieu, dans ta communion !
   Oui, que mon cœur, plein de force en ta joie,
   f De ton Esprit suive en paix l'onction.

A - men.

324. (Air 2.) "CETTE JOIE EXCELLENTE."

Avec autorisation.

♩ = 80

1. Je la connais, cette joie .. excellente,
Que ton Esprit, Jésus, met dans un cœur....
Je suis heureux, oui, mon âme est contente,
Je suis
cresc.
Puisque je sais qu'en toi j'ai mon Sauveur.

2 Tu m'as aimé, moi, vile créature,
Jusqu'à t'offrir en victime pour moi ;
Ton propre sang a lavé ma souillure,
Et, par ta mort, je suis vivant pour toi.

3 Que puis-je donc désirer sur la terre,
Puisque je suis l'objet de ton amour,
Puisque ta grâce, ô Sauveur débonnaire,
Dès le matin me prévient chaque jour ?

4 Ah ! que mon âme, en parcourant sa voie,
S'égaie, ô Dieu, dans ta communion !
cresc. Oui, que mon cœur, plein de force en ta joie,
f De ton Esprit suive en paix l'onction.

A - men.

325. LA FLEUR CÉLESTE.

Soli. ♩ = 76.

1. J'ai dé-cou - vert . . . . dans la val - lée . . . . Où j'a-van-

mp J'ai dé-cou-vert dans la val-lée

- çais . . . le front pen - ché, . . . Une hum - ble

Où j'a - van- çais le front pen- ché,

fleur . . . dis-si-mu - lée . . . Dans le feuil-

Une hum- ble fleur dis - si - mu - lée

la - - ge des - sé - ché. Chœur. *mf*

Dans le feuil- la - ge des - sé - ché. Cé - les- te Fleur que

Dieu fit naî - tre Pour con - so - ler l'hu . ma - ni - té, Fils

de Ma-rie, humble et doux Maî - tre, Re-vêts-nous de ta pu - re - té !

p 2 A genoux, parmi les épines,
　Je cueillis la suave fleur,
　Car toujours les grâces divines
　S'offrent à nous dans la douleur.

　Chœur :
　Céleste Fleur que Dieu fit naître
　Pour consoler l'humanité,
　Fils de Marie, humble et doux Matre.
　Enseigne-nous l'humilité.

mp 3 J'emportai la plante admirable :
　Mon cœur en fut tout parfumé,
　Et dans mon logis misérable,
　Par elle tout fut transformé.

　Chœur :
　Céleste Fleur que Dieu fit naître
　Pour consoler l'humanité,
　Fils de Marie, humble et doux Maître,
　Remplis-nous de ta charité.

p 4 Je la garde, elle est toujours belle,
　Et rien ne saura la flétrir.
　J'irai dans la tombe avec elle :
　Avec elle on ne peut mourir.

　Chœur :
　Céleste Fleur que Dieu fit naître
　Pour consoler l'humanité,
　Fils de Marie, humble et doux Maître,
　Tu donnes l'immortalité !

A - men.

326. QUE NE PUIS-JE, Ô MON DIEU.

♩ = 100.

1. Que ne puis-je, ô mon Dieu, Dieu de ma dé-li-vran-ce, Rem-

plir . . de ta lou-ange et la terre et les cieux ! Les

pren-dre pour té-moins de ma re-con-nais-san-ce, Et

dire au monde en-tier com-bien je suis heu-reux !

2 Heureux quand je te parle, et que, de ma poussière,
Je fais monter vers toi mon hommage et mon vœu,
Avec la liberté d'un fils devant son père,
p Et le saint tremblement d'un pécheur devant Dieu.

mf 3 Heureux, toujours heureux ! j'ai le Dieu fort pour père,
f Pour frère, Jésus-Christ, pour guide, l'Esprit-Saint :
cresc. Que peut ôter l'enfer, que peut donner la terre
ff A qui jouit du ciel et du Dieu trois fois saint !

327. L'ÉTERNEL POURVOIRA.

♩ = 92.

1. Quand la route est obs - cu - re Trop sou - vent je mur -

- mu - re: Oh! ma foi fai - bli - ra! Et

cresc.

.pour - tant la pro - mes - se Est là, pour ma fai -

dim. *f* *ralentir.*

- bles - se: L'É - ter - nel pour - voi - ra!

p 2 Si mon impatience
Demande avec instance
D'où le secours viendra,
Par ta Parole sainte
Tu réponds à ma plainte:
f L'Éternel pourvoira !

p 3 Je ne veux plus me plaindre,
cresc. Je ne veux plus rien craindre,
Mon Dieu me conduira,
En avant ! bon courage !
Jusqu'au bout du voyage
ff L'Éternel pourvoira !

327. (Air 2.) L'ÉTERNEL POURVOIRA.

♩. = 54. *à la Berceuse.*   Avec autorisation.

Voix.

1. Quand la route est obs - cu - re, Trop souvent je mur -mu - re : Oh !

ACCOMPAGNEMENT DE PÉDALE.

ma foi fai - bli - ra ! . . Et pour-tant la pro - mes - se Est

là, pour ma fai - bles - se : L'É - ter - nel pour - voi - ra ! A - men.

2 Si mon impatience
  Demande avec instance
  D'où le secours viendra,
  Par ta Parole sainte
  Tu réponds à ma plainte :
  L'Éternel pourvoira !

3 Je ne veux plus me plaindre,
  Je ne veux plus rien craindre,
  Mon Dieu me conduira,
  En avant ! bon courage !
  Jusqu'au bout du voyage
  L'Éternel pourvoira !

328. RESSUSCITE AVEC CHRIST.

♩ = 88.   *Versets 1, 2, 3 et 4.*   Avec autorisation.

p

1. Dans le morne et froid tom-beau   Des - cend le Prin - ce de vi - e;

Le jour é - teint son flam-beau,   La mort tri - omphe, as - sou - vi - e.

Versets 5 et 6 seulement.
un peu plus vite.

cresc. Je meurs ! Mais quel - le clar - té   Me ra - vit et me pé - nè - tre ?

f

Orgue.

Jé - sus est res - sus - ci - té,   Par lui je me sens re - naî - tre.

2 —C'en est fait ! Il est vaincu !
mf Scellez ces pierres funèbres !
dim. Toute lumière a vécu,
L'avenir est aux ténèbres !

mf 3 —Quoi, Seigneur, serait-il vrai ?
Ah ! plutôt que de le croire
Avec toi je descendrai
Dans la nuit profonde et noire.

4 Car tu ne mourus ainsi
Que pour me frayer la voie.
dim. A moi, de mourir aussi
Au monde, à sa folle joie ! *rall.*

cresc. 5 Je meurs !...Mais quelle clarté *f*
Me ravit et me pénètre ?
Jésus est ressuscité,
ff Par lui je me sens renaître !

f 6 Que mon âme, ô divin Roi,
T'adore et te glorifie,
Car, en mourant avec toi,
ff Elle a retrouvé la vie ! *ff*

A - men.

329. "LA GLOIRE DE DIEU SUR LA FACE DE CHRIST."

♩ = 100.

1. J'ai trou-vé, j'ai trou - vé le Dieu que je ré - cla - me! La
Croix m'a dit son nom, et ce nom est a - mour! Car
Ce - lui qui mou - rut de ce sup - plice in - fâ - me Est
des - cen - du vers nous du cé - les - te sé - jour.

2 Il est le Fils de Dieu qui s'est fait notre frère,
Le Dieu qui s'est montré, le Dieu qui s'est donné;
Et mon cœur a compris cet étonnant mystère
Qui semble une folie à mon esprit borné.

3 Je connaissais de Dieu la force et la sagesse
Lorsque je contemplais la nature et ses lois;
Je connais sa bonté, j'éprouve sa tendresse,
Quand mes regards émus s'arrêtent sur la Croix.

4 Car ce Dieu, je le vois qui souffre et qui s'immol
Pour un être déchu contre lui révolté;
O merveilleux amour, dont aucune parole
De la terre ou du ciel ne dit l'immensité!

5 Devant ce sacrifice, aussi grand que Dieu même,
Je ne peux pas douter, je m'incline et je crois!
Il ne fallait rien moins à ma misère extrême
Que l'amour infini qui brille sur la Croix.

A - men.

2 B

330. "JUSQUES A QUAND, SEIGNEUR?"

$\flat = 126.$

Avec autorisation.

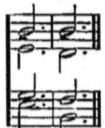

1. L'au-be naît, sou-rit et pas-se; De ses feux, le Roi du jour
I-nonde un in-stant l'es-pa-ce Pour dis-pa-raître à son tour.
Mais dans la nuit so-len-nel-le Un dé-sir s'é-veille en moi:
Quand lui-ra l'aube é-ter-nel-le? Di-vin So-leil, lè-ve-toi!

2 Ici-bas, toute espérance
p Cache derrière elle un deuil,
Toute joie une souffrance
Et toute vertu, l'orgueil.
Mais au ciel, bonheur suprême !
Au ciel, plus d'espoirs déçus !
Je verrai le Dieu que j'aime,
Et ne l'offenserai plus.

3 Ah ! déchire tous les voiles
Qui te cachent à mes yeux,
Et d'étoiles en étoiles
Monteront mes chants joyeux !
p Mais qu'ici-bas j'abandonne
Mon âme à tes douces lois,
Qu'en attendant la couronne,
Je sache porter la croix !

A - men.

331. "IL MOURUT POUR MOI!"

p 1. Sei - gneur, en - tends ma pri - è - re,
Oh, sou - viens - toi du Cal - vai - re! Tous mes pé - chés
sont sur toi, Toi qui mou - rus pour moi!

p 2 Je suis indigne et coupable,
Je suis pauvre et misérable,
Mais je compte, ô Christ, sur toi,
Toi qui mourus pour moi!

f 3 Jésus, ma vie éternelle,
Jésus, mon Sauveur fidèle,
cresc. Tout mon cœur s'attache à toi,
p Toi qui mourus pour moi!

p 4 Je sens ma grande impuissance,
Toi seul es ma délivrance :
Je me réfugie en toi,
Toi qui mourus pour moi!

5 Que ton Esprit sanctifie
Tout en moi, tout dans ma vie ;
Rends-moi parfait comme toi,
Toi qui mourus pour moi!

A - men.

332. MON DIEU, MON PÈRE.

♩ = 88.

1. Mon Dieu, mon Pè - re, É - cou - te - moi, Car ma pri - è re
S'é - lève à toi : En Jé - sus - Christ, Tu nous l'as dit,
Je puis, Sei - gneur, T'ou - vrir mon cœur. Daigne, en ta grâ - ce,
Oh ! Dieu clé - ment, Tour - ner ta fa - ce Vers ton en - fant.

2 Fais-moi comprendre
Ta charité,
Et bien entendre
Ta vérité.
Oui, que ta main
Sur mon chemin
Soit, ô Dieu fort,
Mon doux support.
Ma délivrance
De jour en jour,
C'est ta puissance
Et ton amour.

A - men.

333. JÉSUS, AMI DE MON ÂME.

♩ = 66. Soli.

1. Jé-sus, A - mi de mon â-me, Sau-ve-moi des grandes eaux ! C'est toi seul . . que je ré-cla-me, En toi j'ai . . . le vrai re-pos.

Chœur. *f*

Ta puis-sance est ef - fi - ca - ce, Ton a-mour est in - fi - ni ; En toi seul j'ai tou - te grâ - ce, Tu se - ras mon ferme ap - pui.

2 Ton nom seul est saint et juste,
   Je ne suis qu'iniquité ;
   En toi, Rédempteur auguste,
   Tout est grâce et sainteté. —*Chœur.*

p 3 Garde, ô Jésus, ma nacelle,
   Viens la guider vers le port ;
   Puis, dans ton amour fidèle,
pp Reçois mon âme à la mort. —*Chœur.*

A - men.

334. "MES BREBIS CONNAISSENT MA VOIX."

♩ = 84. Solo, *ou à l'unisson.*

Orgue. 1. Mon Sauveur, je veux vi - vre Pour toi seul i - ci - bas;

T'o-bé- ir et te sui-vre En tout lieu pas à pas, Mar-cher sous ton é -

cresc. . . . . .

- gi - de, T'a - voir toujours pour Guide, Et jou-ir cha-que jour De ton fi-

dim.

- dèle a - mour. Mon Sauveur, je veux vi - vre Pour toi seul i - ci - bas.

ritard. *a tempo.*

2 Seigneur, je veux sans cesse
  Me confier en toi,
T'apporter ma faiblesse
  Et te dire : " Aide-moi ! "
Je veux, aux jours d'orage,
Quand faiblit mon courage,
O Dieu, compter toujours
Sur ton divin secours.
  Seigneur, je veux sans cesse
  Me confier en toi.

3 O Jésus, je veux être
  Ton joyeux messager,
Amener, pour les paître,
  Des brebis au Berger.
Apaiser leur souffrance,
Leur rendre l'espérance,
Et dire aux cœurs perdus :
" Croyez, ne pleurez plus ! "
  O Jésus, je veux être
  Ton joyeux messager.

335. JE NE VEUX RIEN QUE TOI.

♩ = 108.   Avec autorisation.

1. Sei-gneur! du sein de la pous - siè - re

Orgue.

Mon â - me crie à toi, Des - cends, ô Dieu! dans

ma pri - è - re; Que je te sente en moi.

Orgue.

2 Je ne veux plus l'ombre qui passe,
   L'image qui pâlit,
Mais la substance de ta grâce,
   Toi-même, ton Esprit.

3 Je veux brûler, mais de ta flamme,
   Luire, mais de ton jour ;
cresc. De ton âme animer mon âme,
   ƒ   Aimer de ton amour.

4 Voilà le seul bien que j'envie,
   Que j'implore, ô mon Roi !
Ne plus vivre que de ta vie,
   ƒ   Que par toi, que pour toi.

A - men.

336. CHANTONS, CHANTONS!

♩.= 66.

1. Oh! quel bonheur de le con-naî-tre, L'A-mi qui ne sau-rait chan-

-ger, De l'a-voir i - ci - bas pour Maî-tre, Pour Dé-fen-seur et pour Ber - ger!

Chœur.

Chantons, chan-tons . . d'un cœur joy-eux, . . Le grand a-

Chan-tons, chantons d'un cœur joy-eux, Chantons, chantons d'un cœur joy-eux, Le grand a-

- mour du Ré -demp-teur,

- mour. . . du Ré - demp - teur, . . . Qui vint à

- mour du Ré - dempteur, Le grand a - mour du Ré-dempteur, Qui vint à nous . . . du haut des cieux, . . . Et nous sau-

nous du haut des cieux, Qui vint à nous du haut des cieux, Et nous sau-

rit.
du des - truc-teur.

- va . . . du des - truc - teur, . . .
- va du des - truc-teur, Et nous sau - va du des - truc-teur.

rit.

- va du des - truc- teur, du des - truc - teur. . . .

2 Dans la misère et l'ignorance
   Nous nous débattions sans espoir,
   La mort au cœur, l'âme en souffrance,
   Quand à nos yeux il se fit voir.—*Chœur.*

3 Il nous apporta la lumière,
   La victoire et la liberté ;
   L'ennemi mordit la poussière,
   Pour toujours Satan fut dompté.—*Chœur.*

4 Vers l'avenir marchons sans crainte
   Et sans souci du lendemain,
   Pas à pas, nos pieds dans l'empreinte
   De tes pieds sur notre chemin.—*Chœur.*

337. TOUTE VICTOIRE PAR CHRIST!

Avec autorisation.

♩ = 108.

mf

1. Plus le mal est pres - sant, .. plus ma misère est gran - de, Plus l'a - bîme est pro - fond .. et bé - ant sous mes pas, Plus Sa - tan fait d'ef - forts .. pour que mon cœur se ren - de, Plus je me ré - fu -

- gie, . . ô Jé - sus ! dans tes bras !

2 Parmi tous les dangers, c'est toi qui me rassures ;
   Contre tous les assauts, c'est toi, mon bouclier !
   C'est toi, si je faiblis, qui guéris mes blessures ;
   Pour pouvoir tout, sur toi je n'ai qu'à m'appuyer.

3 Tu fus mon Défenseur contre la loi divine,
   Qui sur moi se levait, sainte et prête à frapper ;
   Et quand le séducteur tente encor ma ruine,
   Entre tes bras encor tu viens m'envelopper.

4 Ta croix m'a délivré d'éternelles misères,
   Mais ce n'est point assez de m'y voir arraché :
   O Sauveur ! sauve-moi de toutes les manières ;
   Et, comme de l'enfer, sauve-moi du péché !

5 Viens donc m'associer, ô Christ ! à ta victoire :
   Mets ta force en mon bras, mets ta flamme en mon cœur !
   Que, ma main dans ta main, j'avance vers la gloire,
   Et que, par toi vaincu, je sois plus que vainqueur !

p 6 Que ton regard m'éclaire et ton bras me soutienne,
   Dans cet étroit chemin que tes pas ont foulé,
   Et que ma volonté, captive de la tienne,
   S'enchaîne à cette croix où tu fus immolé !

7 Qu'aujourd'hui vers le but je marche d'heure en heure,
   Que péché sur péché meure en moi, sous tes coups :
   Tant que sur toi je compte et qu'en toi je demeure,
   Contre le monde entier la victoire est à nous !

8 Tu me donnes toujours selon ma confiance :
   Quand j'ai tout demandé, n'ai-je pas tout reçu ?
   Avec toi, tout triomphe est assuré d'avance :
ff Lorsqu'on est sûr de vaincre, on a déjà vaincu !

A - men.

338. "C'EST GOLGOTHA."

Attribué à Félix Neff, l'apôtre des Hautes-Alpes.

C'est Gol-go-tha, c'est le Cal-vai-re, C'est le jar-din des

O - li - viers, Qui sont mes mai-sons de pri - è - re,

Et mes ren-dez-vous journa - liers. Dans ce jar - din que vois-je en

ter - re! Le Fils du grand Dieu proster - né, A-bat-tu, tris - te, con - ster - né! C'est pour moi qu'il est en pri - è - re.

C'est pour moi qu'il est en pri - è - re! Grand Sacri - fi - cateur, Priant pour

mf meno mosso.

mf

le pécheur, Jé - sus, Jé-sus, ah! souviens-toi D'in-ter - cé - der pour

f

moi. Jé-sus, Jé-sus, ah! souviens-toi D'inter - cé - der pour moi. A-men.

p *p* *pp*

p *p* *pp*

339. UN PARFAIT SAUVEUR.

♩. = 54.

1. Oh ! croy - ez que Dieu vous don - ne Tout ce qu'il pro - met,

Un Sau - veur qui vous par - don - ne, Un Sau - veur par - fait,

Un Sau - veur plein de puis - san - ce Sur la terre et dans les cieux,

Un Sau - veur dont la pré - sen - ce Seu - le rend heu - reux.

2 Ce Sauveur vous fera vivre
    Comme il a vécu ;
Vous pourrez partout le suivre
    Sans être vaincu.
Jusqu'au bout, dans la mêlée
Son bras vous protégera,
p Et dans la sombre vallée
    Il vous conduira.

3 Oh ! Jésus, dis-leur toi-même
mf Que ta forte main
Fait passer celui qui t'aime
    Par un sûr chemin,
Que tu veux de toute chute
Préserver ton faible enfant,
Pour qu'il sorte de la lutte
    Pur et triomphant.

4 Oui, Seigneur, malgré l'orage
    Et malgré la nuit,
Nous voulons prendre courage,
    Forts de ton appui,
f Et joyeux, pleins d'assurance,
Nous avancer vers le ciel,
En saluant à l'avance
    Le jour éternel.

A - men.

340. JE REGARDE AU SAUVEUR.

♩ = 96.

Quand mon âme, op- pres - sé - e Du poids de sa dou - leur, De
Il fait ren - trer la joi - e Dans mon cœur a - bat - tu ; Son

la vie est las - sé - e, Je re - garde au Sau - veur.
Saint-Es - prit m'en - voi - e Sa force et sa ver - tu.

2 Quand ma route est obscure,
  Qu'à peine une lueur
  M'éclaire et me rassure,
  Je regarde au Sauveur.
  Aussitôt sa lumière,
  Rayonne en mon chemin,
  Exauçant ma prière ;
  Sa main conduit ma main.

3 Dans le calme ou l'orage,
  Triste ou gai, faible ou fort,
  A toute heure, à toute âge,
  Dans la vie ou la mort,
  Je veux, d'un cœur fidèle,
  Regarder au Sauveur,
  Par sa grâce éternelle
  Je suis plus que vainqueur

A - men.

341. QUI ME SOUTIENDRA?

♩ = 104.

Avec autorisation.

1. {
Oh! qui sou - tien - dra ma fai - bles - se,
Qui me don - ne - ra dans la vi - e

Dans l'é-preuve et dans le .. dan - ger!
Paix, re - pos, lu - mière et .. bon - heur?

Et qui pour - ra dans la .. dé - tres - se,
C'est l'A - mi di - vin que je pri - e:

Me se - cou - rir, me di - ri - ger? }
C'est toi, Jé - sus, toi, mon Sau - veur. }

2 Dieu, dont la douce voix m'appelle,
Dieu, qui m'achetas à grand prix,
Selon ta promesse fidèle
Éclaire et garde ta brebis.
Donne-moi ta sainte assistance,
Dans tes sentiers guide mes pas:
On repose avec assurance,
Seigneur Jésus, entre tes bras.

A - men.

342. "SOIS TRANQUILLE, EN REGARDANT À L'ÉTERNEL."

♩ = 104, *mouvement indiqué par l'auteur.* Avec autorisation.

1. Mon Dieu, que ja - mais je . n'en - vi - e La paix trom-
peu - se du pé - cheur : Don - ne-moi d'ac - cep-

Orgue.

- ter la vi - e Tel - le que tu . la veux, Sei - gneur.

2 Ne permets pas que le mystère
Qui me voile ta vérité
Me fasse oublier pour la terre
Du ciel l'éternelle beauté.

3 Qu'en humble enfant je te confie
Mon avenir et mon bonheur !
cresc.   Que sur ta main ma main s'appuie
f   Pour être fort dans la douleur ! *dim.*

4 Transforme en force ma faiblesse ;
Que je te donne tout mon cœur ;
Et que du péché qui me presse
Par ta grâce je sois vainqueur !

A - men.

2 c

343. LA PAIX PARFAITE.

♩ = 88.

Avec autorisation.

1. Paix, paix par - faite en Jé - sus le Sau - veur, Par -
fai - te paix, mê - me pour moi, pé - - - cheur !

mf 2 Paix, paix parfaite ! où sont tous mes péchés ?...
Le sang de Christ les a tous effacés !

p 3 Paix, paix parfaite ! Au fort de ma douleur *cresc.*
mf L'amour de Christ met la joie en mon cœur !

p 4 Paix, paix parfaite en face de la mort, *cresc.*
mf Car mon Sauveur est maître de mon sort.

pp 5 Paix, paix parfaite ! En Christ, ô doux espoir !
∧ Le triste " adieu " se change en " au revoir ! "

p 6 Paix, paix parfaite en notre Emmanuel, *cresc.*
Paix sur la terre et gloire dans le ciel !

A - men.

344. "MARCHANT AVEC DIEU."

Avec autorisation.

♩ = 112.

1. Mar-cher en ta pré-sen - ce, Fi - dèle et bon Sau - veur, Dans

une humble as - su - ran - ce Te con - sa - crer son cœur, Ne

cher - cher qu'à te plai - re Dans tout ce que l'on fait, . . C'est

le ciel sur la ter - re, C'est le bonheur par - fait. .

p 2 Par un désert aride
S'il faut se diriger,
Oh! que ta main nous guide,
Écartant le danger.
Dans les jours de détresse
Ranime notre ardeur ;
Quand l'ennemi nous presse,
Fais nous vaincre, ô Seigneur !

mp 3 Ainsi, devant ta face
Conduis-nous chaque jour,
Et que l'Esprit de grâce
Verse en nous ton amour.
Si le péril augmente,
Augmente notre foi ;
Notre âme confiante
Toujours regarde à toi.

A - men.

345. ESPÈRE!

♩ = 180.

Avec autorisation.

1. Toi, dont la vie est a - mè - re, Dont le ciel est toujours noir, Qui li -

- vres ton âme en - tiè - re Au plus som - bre dés-es - poir, Viens, dé -

_p_

- lais - sé de la ter - re, Viens à l' "Hom- me de dou - leur"; Il t'aime!

crescendo. . . . . *ralentir.* _f à temps._

En lui crois, es - pè - re! Il est ton Sau - veur. Viens, dé -

ralentir. _f à temps._

- lais - sé de la ter - re, Viens à l'"Hom-me de dou - leur" Il t'aime !

ralentir.

En lui crois, *es - pè - re!* Il est ton . . Sau - veur.

alentir.

2 Le péché trouble ta vie,
  Il empoisonne tes jours ;
  La cruelle tyrannie
  Malgré toi, poursuit son cours.
p Viens, lutteur lassé, mon frère, ⎫
  Sous l'aile du protecteur. ⎬ (*bis*)
cresc. Il a vaincu ! crois, *espère !* ⎪
f   Il est ton Sauveur. ⎭

3 Mais cet Ami qui délivre,
  Sur qui répand-il ses dons ?
  Sur celui qu'il fait revivre
  Par son sublime pardon.
p Viens donc mettre ta misère ⎫
  Aux pieds du Libérateur ; ⎬ (*bis*)
cresc. Il mourut pour nous : *espère !* ⎪
f   Il est ton Sauveur. ⎭

4 Libre au fort de la souffrance,
  Et de la tentation,
  Libre, toujours libre, avance
  Vers la céleste Sion.
  Ne crains pas que la mort même⎫
  Arrête ton pas vainqueur : ⎬ (*bis*)
  Marche, marche au but suprême, ⎪
ff   Avec ton Sauveur. ⎭

346. JE VIENS À TOI.

♩. = 80.

1. { Je viens à toi, mi-sé-ra-ble, O Jé-sus, A-gneau de
   { Mais tu re-çois le cou-pa-ble, Et ta mort m'ou-vre les

1ère fois. | *2ième fois.*

Dieu ! cieux. Je t'ap-porte une âme im-pu-re, Suc-com-

-bant sous son pé-ché: Ton sang la-ve ma souil-

-lu-re Et me rend la li-ber-té.

2 Je t'apporte ma faiblesse ;
  Mieux que moi tu la connais.
  Je t'apporte ma tristesse,
  Et tu me donnes ta paix.
  Mes soucis, tu les partages,
  Tu prends sur toi mes fardeaux ;
  Du regard tu m'encourages,
  Et tu guéris tous mes maux.

3 Oh ! comme toi, je veux être
  Doux, aimant, humble de cœur,
  Vrai disciple de mon Maître,
  Vrai témoin de mon Sauveur !

Et quand je verrai ta face,
Ressuscité, glorieux,
Je célébrerai ta grâce
Avec tous les bienheureux.

A - men.

347. LA TEMPÊTE APAISÉE.

♩ = 96. *Un peu rapide.* *cresc.* Avec autorisation.

1. Le vent souf - flait et fai - sait ra - ge,
2. "Nous pé - ris - sons !...
3. Le vent ces - sa ;...

Tan - dis qu'a - vec peine on ra - mait, *mp* In - sen - sible au bruit

de l'o - ra - ge, Jé - sus dor - mait. . . .

mf 2 " Nous périssons ! oh, je t'en prie ! "
S'écriait-on, tout en émoi ;
Mais il dit à l'onde en furie :
p " Apaise-toi ! "

mp 3 Le vent cessa ; plus de tourmente
Se déchaînant sous le ciel noir ;
La mer fut calme et transparente
pp Comme un miroir.

mf 4 Quand sonnera l'heure dernière,
dim. Viens calmer les flots en courroux ;
cresc. Entends, ô Christ, notre prière
Et sauve-nous !

A - men.

348. J'APPARTIENS À JÉSUS.

♩ = 104.

Avec autorisation.

1. Monde ha - - bile à sé - dui - re, Monde aux pré -
- sents trom - peurs, ... Qui, sous . . ton faux sou -
- ri - re, Dé - gui - ses tant de pleurs! . . . . Moi

presser un peu.

qui . . fus ton es - cla - - ve, Je ne t'ap -

par - tiens plus : . . . Li - bre . . de toute en -

J'ap - par - tiens à Jé - sus ! . . .

- tra - - ve, *Orgue* . . . .

2 O terre enchanteresse !
Terre aux mille splendeurs,
Mais qui caches sans cesse
Des tombeaux sous tes fleurs,
Lassé de tes mirages
Je ne t'appartiens plus :
A l'abri des orages,
J'appartiens à Jésus !

3 Toi qu'une folle troupe
Suit au bruit des chansons,
Qui verses dans ta coupe
L'ivresse et les poisons,
Volupté ! mort de l'âme,
Je ne t'appartiens plus :
Un pur amour m'enflamme,
J'appartiens à Jésus.

4 Faux biens que l'homme envie,
Et qu'il attend toujours...
Faux plaisirs de la vie,
Faux amis, faux amours,
La Vérité m'appelle ;
Mon cœur ne vous croit plus :
Pour la vie éternelle
J'appartiens à Jésus.

A - men

349. PRENDS-MOI TEL QUE JE SUIS.

♩. = 66.

CHŒUR.

1. Sei-gneur ! je n'ai rien à t'of-frir Qu'un cœur fa-ti - gué de souf-frir, Et qui, sans toi, ne peut gué-rir : Je n'ai que ma mi - sè - re. Prends-moi tel que je suis, Sans ver - tus, sans ap - puis, Tel que je suis, Tel que je suis, O mon cé - les - te Frè - re !

2 J'ai transgressé ta sainte loi ;
Le péché vainqueur règne en moi ;
Pour me présenter devant toi,
Je n'ai que ma souillure.
Chœur. Prends-moi tel que je suis,
Sans vertus, sans appuis,
Tel que je suis : (*bis*)
Lave mon âme impure !

3 Faible est ma chair, faible est mon
Pour repousser le tentateur, [cœur :
O mon divin Libérateur !
Je n'ai que ma faiblesse.
Chœur. Prends-moi tel que je suis,
Sans vertus, sans appuis,
Tel que je suis : (*bis*)
Subviens à ma détresse !

4 Ton sang versé me blanchira,
Ton Saint-Esprit m'affranchira,
T'a richesse m'enrichira,
O mon céleste Maître !
Chœur. Prends-moi, faible et pécheur,
Sans vertu ni vigueur ;
O mon Sauveur !
Rends-moi vainqueur,
Et tel que je dois être !

A - men.

350. LE SACRIFICE VIVANT.

Avec autorisation.

♩ = 92.

1. Con - sacre à ton ser - vi - ce Mon cœur et mon es - prit En

f CHŒUR.

vi - vant sa - cri - fi - ce, O Sei-gneur Jé - sus - Christ ! Ac -

dim. *A l'unisson.*

- cep - te mon of - fran - de, O Jé - sus, Fils de Dieu ! Et

Man.

En harmonie.

que sur moi des - cen - de La flam - me du saint - lieu !

Ped.

2 J'abandonne ma vie
  Sans regret ni frayeur
  A ta grâce infinie,
  O mon Libérateur !—*Chœur.*

3 Qu'un feu nouveau s'allume,
  Par ton amour, en moi,
  Et dans mon cœur consume
  Ce qui n'est pas de toi !—*Chœur.*

4 Viens, Jésus, sois mon Maître :
  Par ton sang racheté,
  A toi seul je veux être,
  Et pour l'éternité !—*Chœur.*

A - men.

351. C'EN EST FAIT, Ô JÉSUS!

♩ = 92.

1. C'en est fait, ô Jé - sus, je ne suis plus à moi; Pour

jamais, mon Sau-veur, je m'a-ban-donne à toi; A toi qui me cré-

- as, à toi qui m'as sau - vé, Qui d'Esprit et de feu m'as en-

- fin bap - ti - sé, Qui d'Esprit et de feu m'as en - fin bap - ti - sé.

2 C'en est fait, c'en est fait, j'appartiens à Jésus ;
Je l'aime, je le sers, et ne m'appartiens plus.
A lui j'ai tout donné, mon esprit et mon cœur :
Gloire, gloire à jamais à mon divin Sauveur ! (*bis*)

3 C'en est fait ! oui, Seigneur, ton pauvre et faible enfant
A tes pieds se prosterne et t'adore en aimant !
Maintiens-le dans ta grâce, et qu'à jamais mon cœur
Demeure en ton amour, tout-puissant Rédempteur ! (*bis*)

A - men.

352. CONSÉCRATION.

1. Mon corps, mon cœur, mon â - me, Ne m'ap-par-tien-nent plus ; Ton a - mour les ré - cla - me : Ils sont à toi, Jé - sus. Re - çois mon sa - cri - fi - ce, Il est sur ton au - tel : Es - prit, Es-prit, des - cends ; J'at-tends le feu du ciel !

2 En toi je me conne,
Je m'abandonne à toi ;
Ton sang me purifie,
Et ta grâce est ma loi.—*Chœur.*

3 Consacre mon offrande !
Mets ton sceau sur mon cœur !
Le sceau que je demande
C'est ton Esprit, Seigneur.—*Chœur.*

A - men.

353. "JE ME DONNE TOUT ENTIER."

1. A toi, mon Dieu! je me don - ne, Je me
don - ne tout en - tier! Ton a - mour est
ma cou - ron - ne, Ta force est mon bou - cli - er.

2 Je te donne mes journées,
cresc. Mes succès ou mes revers;
Je te donne mes années,
Mes printemps et mes hivers

3 Mes désirs, avec leur flamme,
cresc. Que tu peux seul apaiser,
Et les rêves de mon âme,
Que tu veux réaliser.

mp 4 Toutes les fleurs de ma route,
Viens les cueillir de ta main;
dim. Tous mes pleurs, goutte après goutte,
pp Les recueillir dans ton sein.

5 Dans la joie ou la souffrance
Je veux te suivre en tout lieu;
Toute ma vie à l'avance,
Je te l'apporte, ô mon Dieu!

A - men.

354. À TOI SEUL, JÉSUS!

♩ = 92. *mp*

Avec autorisation

mp

1. Doux A - gneau sans ta - che Qui mou - rus pour moi,

Ton a - mour m'ar - ra - che Au monde, à sa loi.

Son né - ant so - no - re Ne me ten - te plus:

Jé - sus!

C'est toi que j'a - do - re, Toi seul, o Jé - sus!

2 A tes pieds j'immole
    Mon orgueil, Seigneur,
  La dernière idole
    De mon pauvre cœur.
  Ici j'abandonne
    Mes fausses vertus,
cresc. Ici je me donne
    A toi seul, Jésus!

3 Ta mort volontaire
    Me rend immortel;
  Je meurs à la terre
    Pour renaître au ciel.
  O bonheur suprême!
    O chant des élus!—
  Oui, c'est toi que j'aime,
    Toi seul, ô Jésus!

355. PLUS PRÈS DE TOI!

♩ = 100.

1. Mon Dieu, plus près de toi, Plus près de toi!

C'est le cri de ma foi: .. Plus près de toi! ..

Dans le jour où l'é-preu-ve Dé - bor - de comme un fleu - ve,

dim. *p*

Gar - de - moi près de toi, Plus près de toi!

2 Plus près de toi, Seigneur,
　　Plus près de toi !
　Tiens-toi dans ma douleur
　　Plus près de moi :
　Alors que la souffrance
　Fait son œuvre en silence,
cresc. Toujours plus près de toi,
　p Plus près de toi !

3 Plus près de toi, toujours
　　Plus près de toi !
　Donne-moi ton secours,
　　Soutiens ma foi.
　Que Satan se déchaîne ;
　Ton amour me ramène
　Toujours plus près de toi,
　　Plus près de toi !

356. TOI SEUL.

♩. = 69.

1. Pour toi seul, en qui j'es-pè-re, Pour toi seul, d'un cœur joy-eux, Je fais mon-ter de la ter-re Mon can-ti-que vers les cieux.

Chœur. Pour toi seul, pour toi seul, Oui, mon Sauveur, pour toi seul.

2 A toi seul, sainte victime,
Agneau mis à mort pour moi,
Dont le sang lava mon crime,
A toi seul s'attend ma foi.
f p A toi seul, *(bis)*
f Oui, mon Sauveur, à toi seul.

3 A toi seul, dans la détresse,
A toi seul j'aurai recours,
A toi seul, ma forteresse,
Le Rocher de mon secours.
f p A toi seul, *(bis)*
f Oui, mon Sauveur, à toi seul.

A - men.

2 D

357. "PUR COMME TOI!"

♩ = 96.

1. { Jé - sus, à toi j'ap - par - tiens pour ja - mais ; } Di -
{ Viens en mon âme ha - bi - ter dé - sor - mais : }

CHŒUR.

- vi - ne Pa - ro - le, Bri - se toute i - do - le, Par ton Saint-Es -

- prit Rends-moi pur com- me toi ! Pur com - me toi ! . .

Pur com- me toi ! Par ton Saint-Es-prit Rends-moi pur com- me toi !

2 Jésus, du ciel où ton trône est assis,
  Montre la route à mes pas indécis.
  Je te sacrifie
  Mon cœur et ma vie :—*Chœur*.

3 Tu veux, Seigneur, un cœur sanctifié ;
  Donne-le moi, divin Crucifié !
  Seigneur, quand serai-je
  Plus blanc que la neige ?—*Chœur*.

A - men.

358. LA BANNIÈRE IMMORTELLE.

♩ = 112 ou ♩ = 126, *mais pas plus lent que* ♩ = 112.
Allegro risoluto. *avec feu.*

1. Le Fils de Dieu dé - ploie au vent Sa ban-niè-re im - mor -

- tel - le: En a - vant, frè - res, en a - vant, Et

Avec autorisation.

com - bat - tons pour el - le ! Com - me Jé - sus, sa -

- chant souf - frir Sans mur - mure et sans hai - ne... Pour tri-om-pher, il faut mou-rir A-vec son Ca-pi-tai-ne!

2 Voyez ce martyr glorieux :
    Il chancelle, il succombe,
Mais Jésus lui sourit des cieux,
    Il ne craint pas la tombe ;
Et, plus grand que tous les héros,
    Le noble et doux Étienne
Meurt en priant pour ses bourreaux,
    Comme son Capitaine.

3 Voyez marcher derrière lui
    Cette troupe sublime :
Dans leurs yeux une flamme a lui,
    L'Esprit-Saint les anime.
Apôtres de la vérité,
    Sur la sanglante arène
Ils tombent—mais sans lâcheté—
    Comme leur Capitaine.

4 Voyez ces enfants, ces vieillards,
    Ces petits de la terre
Enrôlés sous les étendards
    Du Prince débonnaire—
Ils ont souffert, ils ont vécu,
    Ils sont morts à la peine,
Mais c'est ainsi qu'ils ont vaincu,
    Comme leur Capitaine.

5 Le fils de Dieu déploie au vent
    Sa bannière immortelle :
En avant, frères, en avant,
    Et combattons pour elle !
C'est l'heure du dernier effort,
    La victoire est certaine
Si nous luttons jusqu'à la mort
    Pour notre Capitaine !

[cette cadence est de rigueur.]

A · men.

359. "À MOI, LES CŒURS BRAVES!"

Avec autorisation.

♩=108.

1. "À moi, les cœurs bra - ves!" A dit le Vain - queur

Qui rompt les en - tra - ves Du pau - vre pé - cheur.

"Noble est la car - riè - re: Qui veut y cou - rir?

Et, sous ma ban - niè - re, Com-battre et mou - rir?"

À toi, di - vin Maî - tre, Mon cœur et mon bras :

Jé - sus ! je veux ê - tre Un de tes sol - dats.

2 L'ennemi fait rage :
  Je sens ses fureurs ;
  Comme un bruit d'orage,
  J'entends ses clameurs,
  Quand Satan déchaîne
  Tous ses alliés :
  Mais ce flot de haine
  Expire à tes pieds.—*Chœur.*

mp 3 Ma couronne est prête :
  Tu m'as racheté !
  Ma justice est faite
  De ta sainteté.
  Ta grâce infinie
  Couvre mes péchés ;
  p A ta croix bénie
  Ils sont attachés.—*Chœur.*

4 Après tant de luttes,
  Lassés mais vainqueurs,
  Relevés des chutes,
  Guéris des douleurs,
  Gardés sous ton aile,
  Nous irons goûter
  La paix éternelle,
  Et pourrons chanter :
  Chœur. "À toi les couronnes
  De tous les élus !
  C'est toi qui leur donnes
  ff Ton ciel, ô Jésus !"

A - men.

360. LE COMBAT DE LA VIE.

♩ = 100. *Mouvement de marche.*   *Le No. 268 se chante également sur cet air.*

1. Au com - bat de la vi - e, Con - scrits et vé - té - rans, Le

Sei - gneur nous con - vi - e: Sol - dats! ser - rons nos rangs! Qu'au

di - vin Ca - pi - tai - ne No - tre cœur soit u - ni: La

vic - toire est cer - tai - ne Sous son dra - peau bé - ni.

2 La croix est sa bannière,
ff Son beau nom est Jésus ;
Des armes de lumière
Il revêt ses élus.
Son Esprit les enflamme,
Aux plus forts des combats ;
Son âme est dans leur âme,
Sa force est dans leur bras.

3 Jeunesse ardente et fière,
Jeunesse au cœur vaillant,
Donne-toi tout entière
Au Sauveur tout-puissant :

Soumise à sa loi pure,
Tu mettras sous tes pieds
Tes péchés, ta souillure,
Par sa mort expiés.

4 Par sa grâce infinie
p Il guérira tes maux ;
Et, la lutte finie,
Après bien des travaux,
Sur ton front, qui rayonne
D'espoir et de clarté,
Il mettra la couronne
De l'immortalité !

A - men.

361. HONNEUR AUX BRAVES.

A l'unisson. ♪ = 100.

1. Hon-neur aux vail-lants, aux bra-ves, Aux sol-dats de Dieu

Orgue.

Qui, mê-me chár-gés d'en-tra-ves, Lut-tent en tout lieu.

Org. ped.

CHŒUR. *En harmonie.*

Jé - sus-Christ leur don - ne Un cœur libre et fort,

Et leur pro-met sa cou - ron - ne Quand vien-dra la mort.

2 Qu'on les raille ou les immole,
　　Fermes jusqu'au bout,
On les voit devant l'idole,
　　Seuls rester debout !—*Chœur.*

3 Joignant l'amour au courage,
　　Ces nobles lutteurs
Du monde qui les outrage
　　Sont les bienfaiteurs.—*Chœur.*

4 Ils s'en vont... et l'on oublie
　　Leurs noms, leurs combats,
Mais leur sublime folie
　　Ne périra pas !

Chœur. C'est toi qui leur donnes
　　Un cœur libre et fort,
Et leur promets des couronnes
　　Quand viendra la mort !

A - men,

362. LA CROIX RESTE DEBOUT.

1. La croix res - te de - bout, Al - lé - lu - ia ! Al - lé - lu - ia ! El -
- le do - mi - ne tout, Al - lé - lu - ia ! Al - lé - lu - ia ! C'est
en vain que la hai - ne Contre el - le se dé - chaî - ne : Lu -
- mi - neuse et sé - rei - ne La croix res - te de - bout !

Al-lé-lu-ia! Al-lé-lu-ia! Au plus fort des com-bats, Al-lé-

-lu-ia! Al-lé-lu-ia! La croix ne re-cu-le pas!

On s'est permis de modifier ces phrases de l'original qui conviennent si bien aux voix d'hommes seuls.

La croix res-te de-bout,

El-le do-mi-ne tout,

2 Sur elle en Golgotha, Alléluia ! (*bis*)
  Le Fils de Dieu monta.   Alléluia ! (*bis*)
  Amour incomparable !
  Ce Sauveur adorable
  Pour l'homme misérable
  Mourut en Golgotha.—*Chœur.*

3 Soldats du Roi des rois, Alléluia ! (*bis*)
  Portons partout sa croix ! Alléluia ! (*bis*)
  Car tous ceux qu'il délivre
  Sous la croix doivent vivre,
  Sur la croix doivent suivre
  Jésus le Roi des rois.—*Chœur.*

363. SÛR DE LA VICTOIRE.

♩. = 92.

1. Sûr de la vic - toi - re, Sol - dat du Sei - gneur,

Mar - che, chan - te : "Gloi - re!" Tu se - ras vain - queur,

Le grand Ca - pi - tai - ne Qui va de - vant toi . .

Te la rend cer - tai - ne, Com - bats a - vec foi. . .

CHŒUR.

Oui, la vic - toi - re Tu l'au - ras, . .

Chan - te donc: "Gloi - re!" Tu ver - ras . .

Ton ad - ver - sai - re Fort, vail - lant, .

Cou - ché par ter - re A l'ins - tant! . .

2 L'ennemi s'avance
   Redoublant le pas,
   Et dans le silence
   Ne s'arrête pas ;
   Mais Christ va combattre,
   Reste près de lui ;
   Déjà pour l'abattre
   Son épée a lui.
      Chœur. Et la victoire, etc.

3 Dieu tient la couronne
   Promise au vainqueur,
   C'est lui qui la donne
   Avec le bonheur :
   Bientôt sur ta tête
   Il va la poser,
   Dans sa paix parfaite
   Tu vas reposer.
      Chœur. Car la victoire, etc.

364. À L'ŒUVRE AVEC COURAGE!

♩ = 96.

Avec autorisation.

1. A l'œuvre a-vec bon cou-ra-ge! La vic-toire est près ;

A - près la lutte et l'o-ra-ge Vient la paix.

p

2 Fais le travail de ton Maître

Pendant qu'il est jour ;

Chrétien, fais à tous connaître

p Son amour.

3 Christ accepte le service

Que tu fais pour lui :

Viens t'offrir en sacrifice

p Aujourd'hui !

365. "COMBATTONS DANS LE COMBAT DE LA FOI."

♩ = 92.

Bien marqué.

Avec autorisation.

1. Sol-dats de Christ, au com - bat! au com - bat! L'en - ne - mi règne où

doit ré-gner le Pè - re ; Ne comptons pas trou-ver sur cet -te ter-re

Le saint re - pos de l'é - ter - nel sab - bat. Ne comptons pas trou-ver

sur cet - te ter - re Le saint re - pos de l'é - ter - nel sab - bat.

2 Vivons de foi, d'espoir, de charité,
Et nous verrons s'étendre nos conquêtes ;
Déjà, Chrétiens, se lèvent sur nos têtes
Les jours de gloire et d'immortalité ! } (bis)

3 Et toi, Seigneur, notre bien-aimé Roi !
Qui nous acquis par ton sang, par ta vie,
Conduis nos pas, éclaire, fortifie
Tes rachetés qui combattent pour toi ! } (bis)

A - men.

366. LE SIGNAL DE LA VICTOIRE.

♩ = 112.

1. { Le Si-gnal de la vic-toi-re Dé - jà brille aux cieux,
   { La cou-ron - ne de la gloi-re Pa - raît à nos yeux. }

CHŒUR.

"Je viens : com - bat - tez en - co - re :" Dit Jé - sus à tous ; *Orgue.*

Oui, mon Sau-veur ! je t'im-plo-re, Je lutte à ge - noux.

2 Suivons, amis, la bannière
   Du Sauveur en croix,
   Et que notre armée entière
   Se range à sa voix.—*Chœur.*

3 Rude et longue est la mêlée ;
   Voici le secours !
   Dans nos mains, prenons l'épée
   Qui vainquit toujours !—*Chœur.*

A - men.

367. LA MOISSON.

♩ = 100.

1. Nous la-bou-rons a - vec bonheur La ter - re froide et du - re, Nous

CHŒUR.

ai - mons no - tre saint la - beur, No - tre ré - colte est sû - re. Ne

joyeux et doux.

crai-gnons pas l'o - ra - ge, Ne crai-gnons pas la nuit, Dieu

marqué.

bé - nit notre ou - vra - ge, La mois - son vient sans bruit. .

La dernière strophe peut être chantée sans accompagnement et à l'unisson.

4ième strophe.

mp

4. Fais de nous tous des la-bou-reurs Pen-chés sur leur ou - vra - ge ; O

Dieu, bé - nis tes ser - vi - teurs Et sou - tiens leur cou - ra - ge.

Chœur. *en harmonie.* *avec entrain.*

Ne crai-gnons pas l'o - ra - ge, Ne crai-gnons pas la nuit, Dieu

dim - in - u - en - do. p

bé - nit notre ou - vra - - ge, La mois-son vient sans bruit.

dim - in - u - en - do. p

2 Tous nos efforts ne sont pas vains,
O Dieu, tu le proclames,
Un jour nos greniers seront pleins,
Ensemençons les âmes.—*Chœur.*

3 Courage, amis, saints laboureurs,
Le repos suit la peine,
Jetez le bon grain dans les cœurs,
La récolte est certaine.—*Chœur.*

à l'unisson et sans accompagnement.

4 Fais de nous tous des laboureurs
Penchés sur leur ouvrage ;
O Dieu, bénis tes serviteurs
Et soutiens leur courage.—*Chœur.*

A - men.

2 E

368. PAR LA CROIX À LA VICTOIRE.

♩ = 96. *Andante.*

1. { Par la croix à la vic-toi-re! Tel fut ton che-min, Sei-gneur,
Tu nous con-duis à la gloi-re Au tra-vers de la dou-leur:}

Il faut que l'homme s'a-van-ce, Comme Is-ra-ël au dé-sert, Cou-ron-

-né de la souf-fran-ce Sur les pas du Dieu qu'il sert.

2 Par la croix à la victoire !
Messager de Jésus-Christ,
Si tu sais souffrir et croire,
Tu vaincras par son Esprit.
Semeur ! au sillon confie
Le grain qui doit y périr :
C'est Dieu seul qui vivifie,
Et c'est lui qui fait mourir.

3 Par la croix à la victoire !
Dieu l'a dit sur Golgotha :
La coupe que je dois boire
A sa lèvre il la porta.
Si le Prince de la vie
A triomphé dans la mort,
Comme un roseau je me plie
Sous le souffle du Dieu fort.

A - men.

369. REQUIEM.

♩ = 66.

1. Il dort ! son œuvre est ter - mi - né - e, Au bout de la

lon - gue jour-né - e, L'ou - vri - er, qui re - pose en - fin

Refrain.

A lais - sé re - tom - ber sa main, Seigneur, à l'om - bre

Orgue.

de ton ai - le, Gar - de ton ser - vi - teur fi - dè - le.

2 Il a pénétré dans le temple
   Où le racheté te contemple ;
   Il se réjouit devant toi,
   La vue a remplacé la foi.—*Refrain.*

3 Nous nous penchons sur sa poussière ;
   Nous pleurons, mais notre âme espère ;
   Et, malgré le roi des terreurs,
   En Christ nous rassurons nos cœurs.—*Refrain.*

4 En attendant ce jour de gloire
   Où la mort verra ta victoire,
   Où le tombeau ne sera plus,
   Qu'il repose en ton sein, Jésus !—*Refrain.*

A - men.

370. VERS LES CIEUX.

1. Vers les cieux, Vers les cieux, Vers tes par - vis
Duo.

♩ = 76.
Accompagnement.

glo - ri - eux . Ta voix, Sei - gneur, me con - vi - e,

Et de l'é - ter - nel - le vi - e La splendeur brille à mes yeux.

2   Ici-bas (*bis*)
Parfois je me sens bien las,
Dans la nuit mon pied chancelle,
Que ne puis-je d'un coup d'aile,
Mon Dieu, voler dans tes bras !

3   O mon Roi ! (*bis*)
Je voudrais vivre pour toi.
Seigneur, quand te servirai-je
D'un cœur libre, et quand serai-je
Enfin soumis à ta loi ?

4   Heureux jour ! (*bis*)
Où s'ouvrira le séjour
De mon Sauveur que j'adore,
Quand donc luira ton aurore ?
Je t'attends, ô Dieu d'amour.

371. GLORIEUSE ESPÉRANCE.

mf ♩.=66. *Andantino.*

1. É - tran-ger sur la ter - re, Je marche a - vec bon - heur Vers

la mai-son du Pè - re, Vers la mai - son où m'attend le Sei - gneur, Vers

la mai-son du Pè - re, Vers la mai - son où m'attend le Sei - gneur.

CHŒUR.

Oh ! quand se - ra - ce Que, face à fa - ce,

Pour tou-jours près de toi, Je te ver-rai, mon Roi!

2 C'est là qu'au chœur des anges,
    Pendant l'éternité,
    J'unirai mes louanges
Pour donner gloire à sa fidélité. } (bis)
      Oh! quand sera-ce
      Que, face à face,
    Pour toujours près de toi,
      Je te verrai, mon Roi!

3 C'est là, devant le trône,
    Qu'avec tous les élus
    Je prendrai ma couronne,
Pour la jeter à tes pieds, ô Jésus! } (bis)
      Oh! quand sera-ce
      Que, face à face,
    Pour toujours près de toi,
      Je te verrai, mon Roi.

4 Ainsi, plein d'allégresse,
    Conduit par ton amour,
    Je veux marcher sans cesse,
O mon Sauveur, vers ton divin séjour. } (bis)
      Oh! quand sera-ce
      Que, face à face,
    Pour toujours près de toi,
      Je te verrai, mon Roi!

372. ICI-BAS ET LA-HAUT.

♩ = 116.   Avec autorisation.

p 1. I - ci, té - nè - bres, Per - tes, mal - heurs, Crain - tes fu -

- nè - bres, Lar - mes, ter - reurs. —Là - haut, lu - miè - re,

gains et bon - heur; Au-près du Pè - re Paix et dou - ceur.

p 2 Ici, semailles,
Pluie et ciel noir,
Douleurs, batailles
Et désespoir.
f —Là-haut, la gloire,
Le ciel serein,
Repos, victoire,
Repos enfin !

p 3 Ici, tristesses,
Mortels tourments,
Sombres détresses,
Isolements.
—Là-haut, la vie,
f L'amour sans fiel,
Route bénie
Qui mène au ciel !

A - men.

373. LES SAINTS GLORIFIÉS.

♩ = 88. *Tranquillement.*

Avec autorisation.

1. Au sé-jour de la gloi - re Les saints, morts au Sei - gneur, Cé -

lé - brent la vic - toi - re De Christ, le Ré-demp - teur. Ah !

Plus animé.

s'ils pouvaient in - strui - re Les mor-tels de leur sort, . Ils

mf

re - viendraient nous di - re, Pleins d'un di - vin trans - port : .

2 "Si vous voulez nous suivre,
   Marchez en son amour,
   Et sans cesser de vivre,
   Mourez de jour en jour.
p Si la route est pénible
   Le terme est glorieux :
   Une gloire ineffable
   Vous attend dans les cieux !"

A - men.

374. LES CŒURS EN HAUT!

♩ = 132, *ou pas plus lent que* ♩ = 116.

1. A - vec al - lé - gres - se Mar - cher vers le ciel, Re -
- gar - der sans ces - se Notre Em - ma - nu - el, Pui -
- ser foi nou - vel le Dans ce doux re - gard, De
l'â - me fi - dè - le C'est la sû - re part.

Frè - res, frè - res, les cœurs en haut ! Jé -
sus nous ap - pel - le, Il vien - dra bien - tôt. Jé -
- sus nous ap - pel - le, Il vien - dra bien - tôt.

2 Là, tout est lumière,
Paix et sainteté ;
Là, plus de misère,
Tout est charité.
Sur ce doux rivage
Ont cessé les pleurs ;
Jésus, ton image
Est dans tous les cœurs.—*Chœur.*

3 Amis, bon courage !
L'étoile qui luit
Dissipe l'orage
Et la sombre nuit.
Veillons sur notre âme,
Jésus vient bientôt !
Lui seul nous réclame :
Tous les cœurs en haut !
Chœur. Frères, frères, le ciel est près !
Jésus, Roi de gloire,
Y règne à jamais !

A · men

375. AU-DELÀ.

♩ = 92.

1. Qu'é-proü-ve-rai-je un jour En en-trant à mon tour Dans l'au-tre vi - e? Dé-jà le doux ray-on Du so-leil de Si-on Me vi-vi-fi - e.

2 En esprit transporté
   Dans la sainte cité
       Je crois entendre
   Le cantique nouveau
   Que l'on chante à l'Agneau,
       Et veux l'apprendre.

3 Là, plus d'affliction,
   Plus de deuil en Sion,
       Séjour de gloire,
   Où de brûlants transports
   Se joignent aux accords
       De la victoire.

4 O Jésus, permets-moi
   De m'envoler à toi ;
       Fais-moi la grâce
   Que, dans l'éternité,
   Seigneur, à ton côté
       J'aie une place.

A - men.

376. LA COHORTE DES MARTYRS.

♩ = 116.   (*phrasez bien.*)   Avec autorisation.

Heu - reux qui meurt en

Dernière strophe seulement. 1. Quand la main du bour - reau cru - el Te

Heu - reux qui meurt en

meur - trit a - vec ra - ge, É - cou - te ce doux

chant du ciel Qui de loin t'en - cou - ra - ge.

2 Quand le faix te semble trop lourd,
   En secouant tes chaînes,
cresc. Dis-toi que tu seras, un jour,
   Consolé de tes peines.

3 Quand, souffrant du froid, de la faim,
   Ton cœur est en détresse,
   Sache que Dieu jusqu'à la fin
   Soutiendra ta faiblesse.

mf 4 Ne crains pas, lorsqu'approchera
dim.   La sombre et dernière heure !   *dim.*
   Jésus alors te recevra
   Dans sa sainte demeure.

5 Heureux qui meurt en triomphant,
cresc.   Marchant à la victoire,
   Car Dieu promet à son enfant
ff   La couronne de gloire !

377. APRÈS L'ORAGE!

♩ = 92.

Avec autorisation.

1. I - ci - bas la dou-leur Lais - se, sur tout bon-heur,
Sa som-bre tra - ce: La fleur s'é - pa - nou-it Dans le so -
- leil qui luit, Mais, dès que vient la nuit, Son é - clat pas - se.

2 Ni crainte, ni chagrin
  N'entre au séjour divin ;
      Le calme y règne.
  Là, plus de vains désirs,
  Plus d'amers souvenirs,
  Plus de tristes soupirs,
  _p_   Ni cœur qui saigne.

3 Oui, j'aurai dans les cieux
  Un repos glorieux
      Pour mon partage.
  Qu'importe ici mon sort,
  Lutte, travail ou mort,
  Pourvu que j'entre au port
      Après l'orage !

A - men.

378. EN HAUT.

♩ = 88.

1. Vers le ciel, sain - te pa - tri - e, Vers le ra - di -
- eux sé - jour, Chré - tiens, le Prin - ce dè vi - e
Nous con - duit de jour en jour. Glo - - - - - ri - eux a - ve - nir !

Glo - ri - eux a - ve - nir !

Glo - - - - - ri - eux a - ve - nir ! De nos hymnes im - mor -

Glo - ri - eux a - ve - nir ! Glo - ri - eux a - ve - nir !

- tel - les   Bien - - - - tôt vont re - ten - tir

Bien-tôt vont re - ten - tir

Bien - - - - - tôt vont retentir Les col - lin - es é - ter - nel - les.

Bientôt vont retentir, Bientôt vont retentir

2 Oh ! bienheureuse assurance
   D'y voir notre Dieu Sauveur !
   Oh ! consolante espérance
   D'y savourer le bonheur,
   Avec nos bien-aimés,
   Marqués de l'auguste empreinte
   Du sceau des rachetés !
   Éternelle et douce étreinte !

3 A-t-il une larme amère,
   L'exilé, pour le beau jour
   Qui, de la terre étrangère,
   Annonce enfin le retour ?
   O chrétien voyageur,
   Salue avec allégresse
   La fin de ton labeur,
   La terre de la promesse.

379. LES ESPRITS BIENHEUREUX.

♩ = 108. *tranquillement.*

Avec autorisation.

1. Qu'ils sont heu-reux, près du Pè - re, Ceux qu'il a, dans son a - mour,

In - tro-duits dans la lu - miè - re Du pur et di - vin sé - jour !

Leur paix, leur joie est par-fai - te, Ah ! ne les plai-gnons donc pas,

Car au-cun d'eux ne re-gret - te De n'ê - tre plus i - ci - bas.

2 Nulle illusion trompeuse
   Ne peut séduire leur cœur :
  De la cité radieuse
   Ils contemplent la splendeur.
  Ils sont affranchis du doute,
   Délivrés de tout fardeau,
  Plus d'épines sur leur route,
   Mais toujours bonheur nouveau.

3 Ils n'ont plus besoin de croire,
   Pour eux tout est vérité :
  La mort est changée en gloire,
   L'espoir en réalité !

Pour nous, bientôt, viendra l'heure
   De nous envoler vers eux,
  Dans la céleste demeure
   Des saints et des bienheureux.

A - men.

380. LE DERNIER SOMMEIL.

♩ = 46.

Avec autorisation.

pp

1. Le jour s'en - fuit, Tout se rem - plit d'om - bre ;

cresc. *mp*

Voi - ci la nuit, La mort froide et som - bre ;

mf

Mais dans les cieux La vie é - ter - nel - le

f *pp* *Plus lent.*

Brille à tes yeux ; Le Sei-gneur t'ap - pel - le !

2 Chrétien lassé
Par un long voyage,
Roseau froissé
Par le vent d'orage,
Repose en paix !
Dieu qui te réclame
Va pour jamais
Consoler ton âme !

3 Ne pleure plus !
Cesse tes alarmes !
Bientôt Jésus
Séchera tes larmes !

N'entends-tu pas
Une voix céleste
Qui dit tout bas...
" Ton Sauveur te reste ! "

4 Combien de morts
Dorment sous la terre !
Bientôt nos corps,
Douloureux mystère,
Dans ce séjour
Auront à les suivre,
cresc. Mais Christ un jour *f*
Les fera revivre !

A - men.

2 F

381. LA MORT VAINCUE.

♩ = 100.

cresc. *ff*

1. Al - lé - lu - ia! Al - lé - lu - ia! Al - lé - lu - ia!

Orgue.

Pour un monde au pé - ché ven - du, Au tom - beau

Christ est des - cen - du; Sa mort bé - ni - e

Nous rend la vi - e. Al - lé - lu - ia!

2   Alléluia ! (*ter*)
  Dès l'aube du troisième jour,
  Il sortit du sombre séjour :
    Dieu fit éclore
    Sa douce aurore.
    Alléluia !

3   Alléluia ! (*ter*)
  Au ciel il remonte vainqueur :
  Avec les anges d'un seul cœur
    Chantons la gloire
    De sa victoire...
    Alléluia !

4   Alléluia ! (*ter*)
  O mort, nous ne te craignons plus :
  Dieu nous a sauvés par Jésus :
    Il nous pardonne...
    Il nous couronne...
    Alléluia !

A - men.

382. LE CIEL EST MA BELLE PATRIE.

♩. = 69.

1. Le Ciel est ma bel-le pa - tri - e, C'est là qu'est pla-cé mon tré - sor ! Tout
chré-tien qui lutte et qui pri - e, Vers el - le pren-dra son es - sor.

CHŒUR.

En mar - che ! en mar - che ! chré- tien, vers la pa - tri - e, En
mar - che ! en mar - che ! chré - tien, vers la pa - tri - e !

2 Le Ciel est ma belle patrie,
   Par la foi j'y vois mon Sauveur,
Et pendant l'éternelle vie,
   J'en admirerai la splendeur.—*Chœur.*

3 Le Ciel est ma belle patrie,
   Où se retrouveront un jour
Ceux que, dans sa grâce infinie,
   Jésus recueille tour à tour.—*Chœur*

383. L'AMI DES ENFANTS.

♩. = 68. *Voix à l'unisson.*

1. Il est un A - mi fi - dè - le Qui ché - rit les en - fants, Sans
se las - ser, ap - pel - le Les pe - tits et les grands, Qui

p
sur eux à toute heu - re Se pen - che, plein d'a - mour, Un

crescendo. . . . . . . *dim.*
A - mi qui de - meu - re Le mê - me cha - que jour. . . .

2 Je connais un sûr Pilote
  Qui dirige et conduit
Notre âme que ballotte
  L'océan dans la nuit ;
Qui, surveillant sans cesse
  Les vagues en courroux,
Nous voyant en détresse
  Leur dit : "Apaisez-vous !"

3 Il est un riant rivage
  Où nous attend Jésus,
Où le bruit de l'orage
  Ne nous troublera plus.
p Là cessent nos alarmes ;
  Tout sera joie et paix ;
Plus de péché, les larmes
  N'y couleront jamais.

4 Il existe une couronne
  Pour les enfants pieux,
Qui pour toujours rayonne
  Et resplendit sur eux,
Céleste diadème
  Aux éclatants fleurons
Que le Seigneur lui-même
  Posera sur leurs fronts !

5 Il est un divin cantique
  Aux sons mélodieux
Que le chœur angélique
  Entonne dans les cieux ;
p Ce chant suave et tendre
  En l'honneur de l'Agneau,
Qu'il fera bon l'entendre !
  C'est de tous le plus beau !

A - men.

384. PAR DELA LE CIEL BLEU.

Solo. ♩. = 63.

1. Pe - tits enfants; quelqu'un nous ai - me Par de - là le ciel bleu; Son

Orgue.

a - mour est tou-jours le mê - me, Car c'est le Fils dé Dieu. . Per

- sonne i - ci - bas qui ne meu - re; Tout, un jour, doit pas - ser, . Mais l'A - mi cé - les - te de - meu - re   Et peut tout rem - pla - cer.

Chœur.   cresc.

Et peut tout rem - pla - cer, . Et peut tout rem - pla - cer, . Mais

f

l'A - mi cé - les - te de - meu - re   Et peut tout rem - pla - cer.

2 Petits enfants, qu'elles sont belles
   Par delà le ciel bleu
Ces phalanges aux blanches ailes
   Qui chantent devant Dieu !
A leur chant nous joindrons le nôtre ;
   Un jour nous volerons,
Portant, d'un bout du ciel à l'autre,
   Sa gloire sur nos fronts ! (*bis &c.*)

3 Petits enfants, qui donc nous donne
   Par delà le ciel bleu
La robe blanche et la couronne ?...
   —Jésus, le Fils de Dieu !
Il dépouilla ces biens suprêmes
   Pour nous les apporter ;
Par sa mort, les enfants eux-mêmes
   Peuvent en hériter. (*bis &c.*)

385. "IL PRENDRA LES AGNEAUX DANS SES BRAS."

♩=84. (*Un peu vite.*) *à l'unisson.*

1. On ra - con - te qu'aux jours bien é - loi - gnés de nous, Où

Jé - sus vi - vait sur la ter - re, On le

voy - ait sou - vent pren - dre sur ses ge - noux Les en -

- fants, con - duits par leur mè - re. Sur leur tête où sa main se po -

- sait pour bé - nir, Il pen - chait sa face at - ten -

- dri - e; Bon Ber - ger ! Il di - sait: "Lais - sez,

Orgue.

lais - sez ve - nir Les a-gneaux dans ma ber - ge - ri - e."

2 Comme aux jours d'autrefois je ne puis l'approcher,
    Mais voici ce qui me console :
Lui, du haut de son ciel, peut encor me toucher,
    Et me bénir par sa parole.
Je puis chaque matin le prier à genoux ;
    Je puis lui demander sa grâce ;
Et je sais qu'en un jour qui n'est pas loin de nous,
    Je pourrai le voir face à face.

3 Je sais que vers son trône accourent chaque jour
    Des enfants venus de la terre ;
Et, tandis que son cœur les presse avec amour,
    Son regard console leur mère.
Je ne veux pas mourir, puisque même ici-bas
    Je puis lui parler et l'entendre ;
Mais, si la mort venait, je ne tremblerais pas,
    Car c'est lui qui viendrait me prendre !

4 Mais que d'enfants, Seigneur, ne savent pas ton nom,
    Ne savent pas ton sacrifice !
Pourtant tu ne veux pas, ô Sauveur juste et bon,
    Qu'aucun de ces enfants périsse.
Je veux vivre, ô Jésus, pour te les amener,
    Pour leur dire que tu les aimes,
Et que c'est aux petits qu'au ciel tu veux donner
    Les plus beaux de tes diadèmes !

A - men.

386. JE VOUDRAIS ÊTRE UN ANGE.

1. Je vou-drais être un an - ge, Un an - ge du bon Dieu,
Vivre au ciel en é - chan - ge De ce ter-res - tre lieu.

J'au - rais u - ne cou - ron - ne, En mains la har - pe d'or ; Vers

Jé - sus sur son trô - ne Mon chant pren-drait l'es - sor.

2 Je n'aurais plus à craindre
   Ni peines, ni douleurs,
   Nul sujet de me plaindre
   Ni de verser des pleurs.
p Mon cœur pur et docile,
     Pour Jésus plein d'amour,
   Dans ce céleste asile
     Le loûrait nuit et jour.

3 Si mon désir embrasse
   Ce destin glorieux,
   C'est que Dieu, par sa grâce,
   Me forme pour les cieux.
p Oui, je sais que l'enfance
     Est chère à mon Sauveur,
   Aussi, plein d'assurance,
     J'aspire à ce bonheur.

A - men.

387. LE DOUX CHANT DE NOEL.

1. La
2. "Joignez-
3. Les ber-
4. Sur

nuit couvre de ses voi - les Ha-meaux, campagnes, ver - gers ; Sous le
- vous à nos lou - an - ges, Ber - gers, le Christ vous est né !" Aus-si -
- gers, sans peur ni dou - te, Laissent leurs troupeaux aux champs, Et les
les genoux de Ma -- ri - e, Voici l'En-fant, doux tré -- sor ! Dans la

re - gard des é - toi - les Veillent en paix les ber - gers, Lorsque,
- tôt mil - le voix d'an - ges Remplis-sent l'air é - ton - né. Jamais
é - chos de la rou - te Re-ten - tis-sent de leurs chants: "Le
pauvre hô - tel - le - ri - e Les ber-gers chan-tent en - cor: "C'est pour

sur la plaine im - men - se, Une clar - té re-splen - dit, Et dans
plus dou - ce mu - si - que Ne ré - jou - it ces bas lieux, Non, ja -
Christ, le Sauveur du mon - de Dans u - ne crèche est ve - nu ; Il
nous, di - vin mys - tè - re ! Pour nous qu'il naît en ce jour !" Et de-

l'im - po - sant si - lén - ce U - ne voix leur dit : . .
- mais plus beau can - - ti - que N'a char - mé les cieux !
naît, cha - ri - té pro - fon - de ! Pe - tit, faible et nu ! . .
- puis lors, de la ter - re Monte un chant d'a - mour : . .

CHŒUR. *Voix de Soprano & Contralto à l'unisson.*

" C'est le doux chant de No-ël, Le cantique é - ter - nel : . .

f Tous.

Paix, amour sur la terre, et gloire au Dieu du ciel !"

f

Ped.

388. L'ARBRE DE NOËL.

♩. = 63.

Solo, ou voix d'enfants à l'unisson.

1. Le vieux Noël est re - ve -nu, Vê - tu de son manteau de nei - ge ; Pe-

- tits et grands l'ont re - con - nu, Et lui font un joy-eux cor - tè - ge. Voi-

- ci No - ël, le gaî No - ël ! Dans la nuit, le froid, la souf-fran - ce, À tous il par - le d'es - pé - ran - ce, À tous il appor - te le ciel ! Voi-

à l'unisson.

- ci No - ël, le gai No - ël ! Dans la nuit, le froid, la souf-fran - ce, A

ralentir.   *à temps.*

tous il par - le d'es - pé - ran - ce, A tous il ap - por - te le ciel !

2 " Noël, d'où viens-tu de ce pas ? "
" Je viens de la cité bénie,
De Bethléem, où dans mes bras
J'ai tenu le fils de Marie."
" Noël, que viens-tu faire ici ? "
" Je suis le messager de joie ;
Prenez les présents, que voici,
L'Enfant Jésus vous les envoie."—*Ch.*

3 " Noël, as-tu d'autres enfants ? "
" J'ai visité toute la terre ;
Partout des hymnes triomphants
Ont célébré mon doux mystère ! "
" Noël, ne t'en va pas encor ! "
" Enfants, le plaisir n'a qu'une heure ;
Je pars, mais le divin trésor
Jésus, auprès de vous demeure ! "—*Ch.*

389. LE PLUS BEAU JOUR.

♩ = 96. *Dolce.*   Avec autorisation.

1. Dans la nuit mys - té - ri - eu - se, U - ne voix mé - lo - di -
2. Cet En - fant que Dieu nous don - ne C'est Jé - sus qui nous par -

cresc.

- eu - se É - veil - la l'homme é - ton - né ! Du ciel
- don - ne, Et qui pour nous doit mou - rir; Lui qui

cres - cen - do.

tout bril-lant d'é - toi - les El - le tra - ver - se les
sou - rit à sa mè - re, Por - te - ra sur le Cal -

voi - les, Et dit : "Le Sau - veur est né.
- vai - re La cou - ron - ne du mar tyr.

SOLO. *Dolce.*

Il est tout pe - tit en - co - re, Un en - fant dans son ber -
O Jé - sus, toi qui nous ai - mes, Prends à toi tout no - tre

cres - cen - do.

- ceau, Mais ce jour qui vient d'é - clo - re En - tre
cœur, Et que, dans ton ber - ceau mê - me, Nous t'a -

CHŒUR.

tous est le plus beau." Mais ce jour qui vient d'é -
- do - rions, bon Sau - veur. Et que, dans ton ber - ceau

- clo - re, En - tre tous est le plus beau.
mê - me, Nous t'a - do - rions, bon Sau - veur.

390. "UN SAUVEUR NOUS EST NÉ!"

Avec autorisation.

♩ = 104.

1. La nuit é-toi-lé-e Cou-vrait d'un man-teau Le mont, la val-lé-e, Les champs, le ha-meau... Lorsqu'un cri d'es-pé--ran-ce Rom-pit le si-len-ce: "Un Sau-veur vous est né!"

Solo Contralto.

2 La nuit sans étoile,
—La nuit du péché—
Couvrait de son voile
Notre cœur chargé...
Quand ce joyeux message
Perça le nuage :
" Un Sauveur vous est né ! "

Solo Soprano.

3 Amour ineffable !
Jésus, Roi des rois,
Naît dans une étable
Et meurt sur la croix !
Oh ! que toute âme chante
Sa bonté touchante :
Un Sauveur nous est né !

Tous.

ff 4 Qu'à Dieu soit la gloire
Au plus haut des cieux !
Qu'un chant de victoire
Éclate en tous lieux !
mp Au cantique des anges
Joignons nos louanges :
mf Un Sauveur nous est né !

391. LES TROIS NOËLS.

Avec autorisation.

♩ = 84.

mf

1. Sa - lut No-ël, fê - te ché ri - e, Dont le sou - ve - nir pré-ci -eux Ré-
2. *De* l'humble *bourg de* Beth-lé- em
4. Re-des- cen-*dra du* haut *du* ciel,

- pand sur notre âme at-ten-dri - e Comme un bril - lant re- flet des cieux ! Nous vou-

- lons t'ex - al - ter en - co - re, D'u - ne mê-- me voix, d'un seul cœur; Par

toi brille à nos yeux l'au -ro - re Du jour de grâ- ce du Sei-gneur.

Orgue.

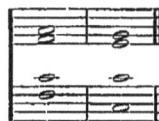

f Chœur.

Gloire à Dieu, no - tre Pè - re, Qui nous don-na Jé - sus, Qui

à pleine voix.

nous don- na Jé - sus, En qui notre âme es - pè - re.

2. *De* l'hum-ble *bourg de* Beth- lé - em
4. Re-des-cen-*dra du* haut *du* ciel

p 2 O mystère ! en l'hôtellerie
De l'humble bourg de Bethléem
Point de place au Fils de Marie !
Point de place au Roi de Salem !
O Jésus, prends toute la place
Dans nos cœurs affranchis par toi ;
Que toujours l'éclat de ta face
Brille sur nous, ô notre Roi !—*Chœur.*

p 3 Heureux le jour, Sauveur du monde,
Où tu nais dans un pauvre cœur,
Le jour où ta grâce féconde
Le fait renaître au vrai bonheur !
Second Noël, Noël de l'âme,
Dans bien des cœurs fais resplendir
Le vif éclat, la pure flamme
D'un vivifiant souvenir.—*Chœur.*

f 4 Jésus, sur l'éclatante nue,
Redescendra du haut du ciel,
Sainte et précieuse venue !
Troisième et radieux Noël !
p Jésus, dans la terre promise
Reconquise par ton amour,
Introduis bientôt ton Eglise,
Hâte ton glorieux retour !—*Chœur.*

A - men.

392. O JOUR BÉNI!

Avec autorisation.

mf tranquillement.

♩ = 104.

mf

1. O jour d'es - pé - rance et de joi - e Qu'un Dieu fi

- dè - le nous en - voi - e, Re - pos si cher à

no - tre cœur, Jour du Sei - gneur !. . .

2 Quand ton brillant soleil se lève
  Et qu'à mon labeur je fais trève,
cresc. J'éprouve un plaisir infini,
p   O jour béni !

mf 3 O jour de culte et de prière
  Où la voix de l'Église entière
  Entonne un hymne à l'Éternel,
p   Jour solennel !

p 4 Dimanche, ô paisible journée,
  Pour mon âme rassérénée,
cresc. Où mon front n'est plus soucieux,
pp   Jour précieux !

393. LE REPOS HEBDOMADAIRE.

1. Toi qui gé-mis sous la tâ - che De six longs jours de la -

-beur, D'un dur tra-vail sans re - lâ - che U - sant l'es-prit et le

cœur, Vois quel beau don Dieu t'en - voi - e

Dans sa fi - dè - le bou - té, Jour qui t'ap-por - te la

joi - e, La li - ber - té, La li - ber - té,

Jour qui t'ap-por - te la joi - e, La li - ber - té.

2 Quand les soucis de la vie
   Te couvrent d'un voile épais,
   De prier tu perds l'envie
   Et ne te sens plus en paix :
cresc. Vois ce beau jour dont l'aurore
dim. p Est un sourire de Dieu,
Ʌ Ce jour qui dit : " Prie, adore ⎱ *(bis)*
      Dans le saint lieu." *dim.* ⎰

3 Lorsqu'au bout de la semaine
   Tu vois, misérable sort !
   Ton prochain river sa chaîne
   Par un incessant effort,
cresc. Dis lui ce qu'est pour ton âme
dim. p La douce paix du foyer
Ʌ Quand ce saint jour de sa flamme ⎱ *(bis)*
      Vient l'égayer ! *dim.* ⎰

394. LE LIVRE DES LIVRES.

♩ = 112. *mf* Avec autorisation.

1. Di - vi - ne Pa - ro - le Qui sou - tiens ma foi,

Ta clar - té con - so - le, Viens bril - ler en moi.

Lors-qu'un voi - le som - bre S'é - tend sur mon cœur,

Tu dis - si - pes l'om - bre, D'un ray - on vain - queur.

Di - vi - ne Pa - ro - le Qui sou-tiens ma foi,

Ta clar - té con - so - le, Viens bril - ler en moi.

p 2 Message si tendre
   Du Sauveur en croix,
 Qu'il est doux d'entendre
   Ces mots ; " Viens et crois ! "
 Par son sacrifice,
   Ineffable don,
 La loi, la justice
   Font place au pardon.—*Refrain.*

mf 3 Que ce triste monde
   T'écoute en tout lieu,
 O Bible, et réponde
   A l'appel de Dieu !
 Que toute âme humaine
   Par toi trouve enfin,
 En brisant sa chaîne,
   Le bonheur sans fin !—*Refrain.*

A - men.

395. PRIÈRE DU SOIR.

♩ = 108.

1. Dé - jà l'é - toi - le S'al - lume aux cieux,

Et la nuit voi - le Tout à mes yeux.

Mais, ten-dre Pè - re, Quand tout s'en - dort,

Orgue.

Dans ta lu - miè - re Je suis en - cor.

2 Cette journée
Qui déjà meurt,
Je l'ai donnée
A toi, Seigneur.
J'ai pris sans crainte
Serrant ta main,
De ta loi sainte
L'étroit chemin.

3 Jusqu'à l'aurore
Du jour qui vient,
Oh ! sois encore
Mon sûr gardien !
p Et jusqu'à l'heure
De mon départ,
cresc. Jésus, demeure
Mon seul rempart.

A - men.

396. PRIÈRE DU SOIR.

♩=108.   **396. PRIÈRE DU SOIR.**

Avec autorisation.

1. Pè - re saint, no - tre pri - è - re Vers to - mon - te

par Jé - sus. La nuit rè - gne sur la ter - re,

Nos tra - vaux sont sus - pen - dus, Et no - tre fai -

- ble pau - piè - re Bien - tôt ne s'ou - vri - ra plus.

2 Tu connais notre durée,
Tous nos jours sont en tes mains ;
Notre course est mesurée,
Nos moments sont incertains :
cresc. Comme au matin la rosée,
dim. Ainsi passent les humains.

3 Couvre-nous de la justice
De notre cher Rédempteur :
Par son sanglant sacrifice
Il nous acquit ta faveur.
Que ta grâce raffermisse
Et console notre cœur.

4 Garde-nous, Sauveur fidèle,
A l'abri de tous les maux ;
Et pendant que sous ton aile
Nous goûtons un doux repos,
Que ta bonté renouvelle
Nos forces pour nos travaux.

A - men.

397. COMMENCEMENT DE L'ANNEE.

(Pour les Enfants de Chœur ou les Jeunes Filles.)

On peut chanter ce cantique dans les réunions ordinaires en supprimant les quatre remières lignes et en les remplaçant par " O Dieu notre espérance," &c., &c.

Avec entrain. ♩. = 63.   *Gratitude envers Dieu.*

SOPRANI. *p*

Avec autorisation.

CONTRALTI.

1. En   ce jour d'es-pé -   ran - ce Qui nous rassemble i - ci   Pleins
(*ou*) . . . . O Dieu, notre es-pé -   ran - ce, Nous vou-lons en ce jour Pleins

HARMONIUM.

p

de re - con - nais - san - ce Nous te di-sons : "Mer - ci !"   Mer-
de re - cou - nais - san - ce Cé - lé - brer ton   a - mour.

- ci pour tant de joi - e Que ta - fi - dé - li - té   O

(Fin après le 2ième verset du Solo.)

f rit.

Sei - gneur, nous en - voi - e, Mer - ci pour ta bon

SOLO. CONTRALTO.

Fin. p plus lentement.

- té ! 1. Mer - ci d'a-voir fait lui - re Sur nous, pré-ci - eux don, Le
2. Mer - ci d'a-voir sans ces - se Cha - que jour i - ci - bas Gui-

Fin.

Fin.

Dal segno.

con - so-lant sou - ri - re Du cé - les - te par - don. En
- dé no-tre fai - bles - se Et di - ri - gé nos pas.

Dal segno.

398. "NOS JOURS COULENT COMME UN TORRENT."

(Pour la Fin de l'Année.)

♩ = 104.

1. Al-lons! fer - me! de - bout! A - van -çons jus- qu'au bout Au - de -

- vant du bon Maî-tre Jusqu'au jour glo-ri - eux où Jé - sus va pa - raî-tre.

2 Qu'est la vie? Un instant !
  Nos jours comme un torrent,
  Comme un flot qu'un flot chasse
Coulent précipités dans le temps et l'espace.

3 Mais qui met chaque soir
  En Jésus son espoir
  Peut attendre sans crainte
Le réveil et le port dans l'éternité sainte.

4 Que chacun, au grand jour,
  Puisse dire à son tour :
  " J'ai terminé ma tâche,
J'ai cru, j'ai témoigné, j'ai lutté sans relâche :"

5 Pour qu'à tous le Seigneur
  Dise : " Bon serviteur,
  C'est bien, prends ta couronne ;
Viens, entre dans ma joie et t'assieds sur mon trône ! "

A - men.

399. CANTIQUE POUR PENTECÔTE.

♩ = 104.

1. Es - prit qui ré - gé - nè - res Les es - prits et les cœurs, Ex -
au - çant nos pri - è - res, Viens nous ren - dre vain - queurs ! Par
ta cé - les - te flam - me Viens em - bra - ser notre â - me, La
chan - ger en au - tel Où le mal se con - su - me, D'où
l'ho - lo - caus - te fu - me Con - stam - ment vers le ciel !..

2 Esprit qui nous éclaires,
Maître des vérités,
Prête-nous tes lumières,
Verse-nous tes clartés !
A travers cette enceinte,
De la Parole sainte
Fais retentir la voix ;
Fais resplendir ses pages :
dim. Par elle, rend nous sages
Et simples, à la fois !

3 Toi qui donnes la joie
p Même dans la douleur,
Toi qui montres la voie
Conduisant au Sauveur,
Viens essuyer nos larmes
Viens calmer les alarmes
Du cœur humble et contrit
Qui, dans l'ombre, soupire,
dim. Et s'accuse, et n'aspire
Qu'à trouver Jésus-Christ !

A - men.

400. LE TOUCHER DE LA FOI.

♩. = 63.

1. La foule entoure et pres-se le Sauveur, Qu'assiè-ge la pri - è - re; Seule,
2. Sa main tremblante, a - près un long effort, Pendant que son cœur pri - e, A

CHŒUR.

une in-firme, ap - por-tant sa dou-leur, Ar - ri - ve la der-niè - re. } Pé-
de sa robe, en - fin, tou-ché le bord: Sou - dain, elle est gué - ri - e!... }

- cheur! a - vance aus - si ta main : I - mi - te cet - te fem - me; Et,

retenez.

par son pou - voir sur - hu - main, Il gué - ri - ra ton â - me.

retenez.

3 Les médecins avaient pris tout son or
  Sans calmer sa souffrance :
Tout appauvrie, ils la laissaient encor
  Plus pauvre d'espérance.

4 Toi qui voudrais acheter ton salut,
  Viens au Dieu qui pardonne !
Jamais, jamais tu n'atteindrais ton but :
  Le ciel, Jésus le donne.—*Chœur.*

5 En arrivant jusqu'au grand Médecin,
  A travers mille obstacles,
Elle emporta son sublime larcin,
  Le plus beau des miracles.

6 Le monde encore, entre nous et Jésus,
  Elève une barrière ;
On la franchit, par la foi des élus,
  A force de prière. —*Chœur.*

A · men.

401. LE CHRIST VAINQUEUR.

♩ = 108.   *Allegro risoluto.*   Avec autorisation.

1. Mar-chons, marchons, chré-tiens,   sol - dats du Roi des rois ! Par-tons joy-

1. Mar-chons, marchons, chré-tiens,   sol - dats du Roi des rois ! Par-tons joy-

- eux pour no - tre guer - re   sain - te !   Nous a - vons de - vant

- eux peur no - tre guer - re   sain - te !   Nous a - vons de - vant

nous l'é - ten-dard de la   croix :   Sûrs du suc - cès, nous

nous l'é - ten-dard de la   croix :   Sûrs du suc - cès, nous

CHŒUR

com - bat-trons sans crain - te. Mar-chons, mar-chons, Chrétiens,   sol -

com - bat-trons sans crain - te. Mar-chons, mar-chons, Chrétiens,   sol -

- dats du Roi des rois, Par-tons joy - eux pour no-tre guer-re sain - -

- dats du Roi des rois, Par- tons joy - eux pour no-tre guer-re sain - -

te, Par - tons joy - eux pour no- tre guer-re sain - te.

- te, Par - tons joy - eux pour no- tre guer-re sain - te.

2 Avec Jésus pour chef nous ferons des exploits,
Car dans nos cœurs son image est empreinte ;
Qu'importent des travaux et le nombre et le poids ?
Souffrant pour lui, nous souffrirons sans plainte.—*Chœur.*

3 Nous voulons proclamer et le nom et les droits
Du Fils de Dieu devenu notre Frère :
Nous voulons conquérir et soumettre à ses lois
Par l'amour seul, les peuples de la terre.
  Chœur.
Marchons, marchons, Chrétiens, soldats du Roi des rois !
Partons joyeux pour notre sainte guerre ! (*bis*)

4 Chantons ! l'ennemi tremble en entendant nos voix ;
Si nous avons la foi, que peut-il faire ?
La victoire est à nous ! en doutons-nous parfois ?
Tournons alors les yeux vers le Calvaire.—*Chœur.*

402. LA SOURCE TOUJOURS OUVERTE.

♩ = 100.

1. Rien ne peut de nos cœurs ef - fa - cer la souil -

- lu - re: Rien que le sang du Christ sur la croix ré - pan -

- du; Sour - ce tou - jours ou - ver - te où

diminuendo. *cresc.*

l'â - me de - vient pu - re, Par - don tou - jours of -

- fert . . à tout pé - cheur per - du, . . Par - don tou-jours of - fert à tout pé - cheur per - du.

p 2 Le larron pénitent, plein d'une humble espérance,
cresc.   Tourna vers le Sauveur le regard de la foi.
      Je n'irai point chercher une autre délivrance :
      Le sang versé pour lui le fut aussi pour moi. (*bis*)

cresc. 3 Dieu s'est fait notre Frère, *p* il a pris notre place,
      Notre offense est sur lui, sa justice est sur nous ;
      Son sang garde à jamais sa vivante efficace,
      Et devant son amour nous tombons à genoux. (*bis*)

f 4 Je dirai ta louange, ô Rédempteur fidèle,
dim.   Jusqu'à l'heure où la mort fera taire ma voix ;
      Et sous les nouveaux cieux, dans la gloire éternelle,
      Je chanterai ta grâce et le sang de ta croix. (*bis*)

403. L'AURORE DE L'ÉVANGILE.

♩ = 100. *Avec entrain.*
(*Mouvement indiqué par l'auteur.*)

Avec autorisation.

1. Re - gar - dez ! voi - ci l'au - ro - re Qui per - ce l'obs - cu - ri - té :
Tout s'il - lu - mine et se do - re Dans la sombre im - men - si - té.

rit.   *a tempo.*

Douce au - ro - re, douce au - ro - re ! Verse en nos cœurs ta clar - té.

p   *rit.*   *a tempo.*

2 Viens, ô Soleil de Justice !
Faire éclater ta splendeur,
Et, par ta clarté propice,
Chasser la nuit de l'erreur :
     Qu'on bénisse (*bis*)
Ta lumière et ta chaleur !

3 Fais rayonner dans chaque âme
Le beau nom de Jésus-Christ ;
Que tout pécheur le proclame,
Touché par le Saint-Esprit :
p   C'est ta flamme (*bis*)
Qui ranime et qui guérit.

4 D'un bout à l'autre du monde
Répands la félicité ;
Dans la nuit la plus profonde
Fais briller la vérité
p   Qui féconde (*bis*)
Les cœurs par la charité.

5 Va, dans l'univers immense,
Semer la joie et la paix ;
De l'éternelle clémence
Étends partout les bienfaits ;
p   ...Recommence (*bis*)
Ton cours sublime à jamais !

A - men.

404. "LE VOICI QUI VIENT SUR LES NUES."

♩ = 88 ou ♩ = 100 *selon les circonstances.*

Avec autorisation.

mf
1. Il vient, il vient dans sa gloi-re, Jé - sus, l'hom - me de dou - leurs,

Pour con - som - mer sa vic - toi - re Sur le monde et sur les cœurs ;

mp — *pp* *ff* *retenez.*
Ren-dez gloi - re, Ren-dez gloi - re À ce Seigneur des Seigneurs.

2 Il est porté sur les nues,
Il est ceint de majesté,
L'homme aux vertus méconnues,
Que son peuple a rejeté :
cresc. Sur les nues, (*bis*) *dim.*
ff Il remplit l'immensité !

3 Les bienheureux et les anges,
Rayonnants d'un saint bonheur,
De leurs célestes phalanges
Font escorte au Rédempteur ;
fff Les archanges (*bis*) *ff*
Forment sa garde d'honneur.

mp 4 De ses vertus couronnée,
Dans sa robe de fin lin,
L'Église prédestinée
L'acclame sur son chemin,
p Prosternée (*bis*) *ppp*
p Aux pieds de l'Époux divin.

cresc. 5 Sur ton trône de lumière
Règne, ô Prince de la paix !
L'humanité tout entière
Te bénit pour tes bienfaits :
Sa prière (*bis*) *pp*
ff Vers toi s'élève à jamais !

A - men.

405. AU REVOIR.

Avec autorisation.

♩ = 88.

mf 1. Dans le ciel, sé - jour de gloi - re, Nous re - ver - rons

nos a - mis *f* Jou - is - sant de la vic - toi - re

Au sein du bon - heur pro - mis. *p* Dans le ciel, sé -

- jour de gloi - re, Nous re - ver - rons nos a - mis.

2 Nous verrons la cité sainte
  Et ses murs de diamant,
Dans la glorieuse enceinte
  Nous entrerons librement.
p Nous verrons la cité sainte
  Et ses murs de diamant.

3 Nous verrons l'Agneau céleste
  Qui mourut pour le pécheur,
Et qui d'un destin funeste

Fit un destin de bonheur.
p Nous verrons l'Agneau céleste
  Qui mourut pour le pécheur.

4 Ce n'est pas notre prière,
  Mais le sang d'Emmanuel,
Qui nous fera, de la terre,
  Parvenir jusques au ciel.
p Ce n'est pas notre prière,
cresc. Mais le sang d'Emmanuel.

A - men.

406. LES PÉLERINS DE L'ÉVANGILE.

♩ = 108. *mouvement de marche.*

1. Mar - chons joy - eux : la cou-ronne im - mor - tel - le
2. Mar - chons joy - eux : la cou-ronne im - mor - tel - le

At - tend aux cieux le com - bat-tant fi - dè - le.
At - tend aux cieux le com - bat-tant fi - dè - le.

1. Quand mon âme est - las - se Et plein d'ef-froi mon cœur, O
2. Quand un brouillard som - bre Obs - cur - cit mon che - min Viens

Sei - gneur, par ta grâ - ce, Rends-moi vain - queur. O
dis - si - per cette om - bre, É - tends ta main. Viens

1. Sei-gneur, par ta grâ - ce, Rends-moi vain - queur.
2. dis - si - per cette om - bre, É - tends ta main.

1. Quand ma foi dé - fail - le, Fais que ton pauvre en - fant, Sor -
2. Lors - que je sou - pi - re Et suis tout en é - moi, O

- te de la ba - tail - le Tout tri - om - phant! Sor -
Jé - sus, viens me di - re: "Ras - su - re - toi." O

- te de la ba - tail - le Tout tri - om - phant!
Jé - sus, viens me di - re: "Ras - su - re - toi."

A - men.

407. EMMANUEL.

Voix à l'unisson.
Avec autorisation de l'auteur.
E. Bunnett, Mus. D.

♩ = 132

Orgue.

mf

Que tou - te - la ter - re Ac - cla - mé ton Nom,

Accompagnement libre.

f

Jé - sus, no - tre Frè - re, Christ, no - tre ran - çon !

f

Orgue et voix, en harmonie.

p

Que tout ge - nou pli - e De - vant ta gran - deur,

p

* à pleine voix.

-Prin - ce de la vi - e, O no - tre Sau - veur !

* ♩ pleine voix pour les strophes 1 et 5 seulement.

Chœur, à l'unisson. ... *presser un peu.* ... *retenez.* ff

Que tou-te la ter-re Ac-cla-me ton Nom,

à temps. *dim.*

Jé-sus, no-tre Frè-re, Christ, no-tre ran-çon !

2 O toi qui fis naître
   Les cieux et les mers,
   Toi qui fis paraître
   L'immense univers,
p Parole éternelle,
cresc. Verbe créateur,
   Une chair mortelle
   Voila ta splendeur.—*Chœur.*

3 Pour notre humble terre
   Tu quittas ton ciel ;
   Pour notre misère,
   Ton trône éternel,
   Echangeant ta gloire
p Contre nos douleurs,
   (Qui l'aurait pu croire ?)
   Pour sécher nos pleurs !—*Chœur.*

4 Ton amour immense
   Ne peut s'exprimer,
   Et tant de clémence
   Nous force à t'aimer !
p Céleste Victime
   De tous nos péchés,
   A ta Croix sublime
   Tiens-nous attachés !—*Chœur.*

5 Maître de nos âmes,
   Fais brûler nos cœurs
   De tes saintes flammes,
   Et rends-nous vainqueurs !
p En attendant l'heure
   D'entrer dans ton ciel,
cresc. Avec nous demeure,
ff Sauveur éternel !—*Chœur.*

A - men

408. JÉSUS T'APPELLE.

♩ = 88.

1. Jé - sus t'appelle, oh ! viens et vois Ton Sauveur clou - é sur la croix ; Pour

toi le Sou - ve - rain des cieux Vint ver - ser son sang pré - ci - eux.

♩. = 88. Chœur.

p Jé - sus sau - ve, Jé - sus sau - ve, Jé - sus sauve au - jour -

1ière fois.

- d'hui ! Tous ceux qui vien - nent, Tous ceux qui vien - nent, Tous ceux qui vien - nent à lui ! Tous ceux qui vien - nent, Tous ceux qui

vien - nent, Tous ceux qui vien - nent à lui !

2 Jésus t'appelle : oh ! cette voix,
    N'a-t-elle aucun charme pour toi ?
    Ne veux-tu donc pas revenir
    A celui qui veut te bénir ?—*Chœur.*

3 Jésus t'appelle, il te connaît ;
    Tu fus rebelle, il le savait ;
    Il veut purifier ton cœur
    Et te donner le vrai bonheur.—*Chœur.*

4 Jésus t'appelle, oh ! réponds-lui ;
    Que ton cœur s'ouvre à ton Ami ;
    Pour te sauver, il vint mourir !
    Il veut t'aimer et te bénir !—*Chœur.*

409. CHANT DE FÊTE.

♩ = 108.

Avec autorisation.

1. Chants joyeux, hym-nes de fê - te, De nos cœurs mon-tez au ciel !

Que cha-cun de vous ré - pè - te : Gloi - re, gloire à l'É - ter - nel !

p Sombre é - tait no - tre mi - sè - re ; Mais sur nous, ô di - vin Pè - re,

à pleine voix. *retenez un peu.*

Tu fis bril - ler ta lu - miè - re ; Gloi - re, gloire à l'É-ter - nel !

2 Tes œuvres sont merveilleuses,
Qui pourrait les raconter ?
Aussi nos âmes heureuses
S'unissent pour t'exalter.
Rachetés par ta puissance,
Nous chantons ta délivrance ;
Dieu de paix et d'espérance,
Nous aimons à t'exalter.

ff 3 O Jésus, Seigneur de gloire,
Divin Maître, divin Roi,
Conduis-nous à la victoire,
p Nous nous confions en toi.
Forme-nous pour ton service,
Pour ton règne de justice,
O Jésus, Sauveur propice,
Nous nous consacrons à toi !

A - men.

410. CHANT DES TRAVAILLEURS.

♩. = 63.

1. Du tra-vail-leur si l'ex-is-tence est du-re, Et si son front rui-sel-le de su-eur, S'il doit bra-ver ou so-leil ou froi--du-re, La foi du moins lui met la joie au cœur.

2 Si l'industrie, en marâtre sévère,
Lui vend bien cher un pain trop rare encor,
La foi lui fait oublier sa misère :
Il sait qu'au ciel il possède un trésor !

3 Si du chômage il connait les alarmes,
Si son foyer est parfois désolé,
Si la douleur lui fait verser des larmes,
Il sait qu'au ciel il sera consolé !

pp 4 ...Toi qui mourus pour nous donner la vie,
p Toi qui souffris pour guérir nos douleurs,
ff Divin Jésus ! ton amour nous convie :
Viens alléger et bénir nos labeurs !

5 Ta main percée, effaçant nos souillures,
Peut essuyer la sueur de nos fronts :
Nous combattrons jusqu'au bout, sans murmures
Et dans ton ciel nous nous reposerons...

A - men.

411. EN PÉRIL SUR LES FLOTS.

♩ = 88.

Avec autorisation.

1. O Cré - a-teur de l'u - ni - vers, Grand Dieu dont la puis - san - ce
Mit u - ne borne aux vas - tes mers A l'o - cé - an im - men - se,
En - tends le cri des ma - te-lots Qui sont en pé - ril sur les flots.

2 O Christ, toi qu'on vit autrefois
　　Sur la vague apparaître,
Qui domptas les vents par ta voix
　　Et leur parlas en Maître,
Entends le cri, etc.

3 Exauce et daigne protéger
　　Tous les cœurs en détresse,
Mets à l'abri de tout danger
　　Ceux que l'angoisse oppresse.
Entends le cri, etc.

4 Et quand tout est crainte et terreur,
　　Lorsque le vent du doute
Souffle sur nous, viens, ô Seigneur,
　　Eclairer notre route,
Entends nos cris et nos sanglots;
　　Parle à la mer, calme ses flots !

A - men

412. PÈRE, FILS, ET SAINT-ESPRIT.

♩ = 92.

Avec autorisation.

1. O Tri-ni-té trois fois sain-te ! Nous t'a-do-rons, d'un seul cœur ;
A-vec a-mour, a-vec crain-te, Nous ex-al-tons ta grandeur !
Dieu des hom-mes et des an-ges, Des temps, de l'é-ter-ni-té,
Vers toi mon-tent nos lou-an-ges, Trois fois sain-te Tri-ni-té !

2 Gloire à toi, céleste Père,
Maître de l'immensité !
Divin foyer de lumière,
D'amour et de sainteté !
Toi dont l'éternelle essence
Engendre un Fils éternel,
Et dont la toute-puissance
Soutient la terre et le ciel !

3 Gloire à toi, Fils adorable !
A toi, Verbe créateur !
Par un mystère insondable,
Tu devins le Rédempteur ;
Tu quittas le sein du Père,
Le trône du Roi des rois,
Pour venir, sur notre terre,
Souffrir la mort de la Croix.

4 Gloire à toi, dans tous les âges,
Esprit du Père et du Fils !
Qui consoles, qui soulages,
Qui diriges, qui bénis...
Viens descendre dans nos âmes,
Comme un baptême de feu,
Et consumer, par tes flammes,
L'holocauste offert à Dieu !

5 O Trinité trois fois sainte !
Nous t'adorons, d'un seul cœur ;
Avec amour, avec crainte,
Nous exaltons ta grandeur !
Dieu des hommes et des anges,
Des temps, de l'éternité,
Vers toi montent nos louanges,
Trois fois sainte Trinité !

A - men.

413. DOXOLOGIE.

Gloire à Dieu notre Créateur! Gloire à Christ notre Rédempteur! Gloire à l'Esprit Consolateur! Louange et gloire au Dieu Sauveur! Amen.

PÈRE, FILS, SAINT-ESPRIT.

(Morceau pour Chœur au commencement du Service Divin.)

♩ = 92. Avec autorisation.

1. Gloi- re soit, honneur, lou -an-ges, A toi, Sain-te Tri-ni - té! Dieu des cieux, des saints, des an - ges, Des temps, de l'é - ter - ni - té; Faible é - cho du chœur mys - ti-que Dont l'hymne em-plit le saint lieu, Monte aus - si, no -tre can - ti-que! "Bé-nis, bé-nis, bé - nis Dieu." A - men.

Mélodie par les Basses.

f 2 Dieu fort, Créateur ; Arbitre
De l'univers, des destins !

Mélodie par les Ténors.

p Pour nous : "le Père !" à ce titre
Dieu bon, clément aux humains !

Mélodie par les Soprani.

p Par la bonté révélée
Dans la douceur de ce nom,

Tous en harmonie.

Accorde à notre assemblée
Grâce, amour, faveur, pardon !

ff 3 Fils de Dieu, Sauveur du monde, }
dim. Christ Jésus, Maître adoré,   } unisson.
p La croix que ton sang inonde
pp T'a, dans la douleur, sacré.
p Par ta naissance et ta vie,
∧ Par ta souffrance et ta mort,   } harmonie.
cr. Affranchis l'âme asservie,
f Vers les cieux rends-lui l'essor !

4 Saint-Esprit qui, sur les faîtes }
De l'Horeb et du Carmel,   } unisson.
Fis au cœur de tes prophètes
Passer les frissons du ciel,
Par ces souffles et ces flammes, }
Embrase, emplis de clarté,   } harmonie.
Et fais rayonner nos-âmes,
Reflets de ta sainteté !

251. (Air 2.) TEL QUE JE SUIS.

Avec autorisation.

♩=76, ou ♩=84.

Tel que je suis, Sans rien à moi,

Si - non ton sang ver - sé pour moi,

Et ta voix qui m'ap - pelle à toi,

ralentir.

A - gneau de Dieu, je viens, je viens ! A - men.

Orgue.

251. (Air 3.) TEL QUE JE SUIS.

♩ = 84.   Avec autorisation.

Tel que je suis, Sans rien à moi, Si-

-non .. ton sang ver - sé pour moi,

Et ta voix qui m'ap - pelle à toi, .. A-

- gneau de Dieu, je viens! A - men.

TABLE ALPHABÉTIQUE.

[*La musique des N^{os.} marqués ✳ ne paraît dans ce Recueil qu'avec une autorisation spéciale accordée à Mme. McAll par MM. les auteurs et propriétaires. Si l'on désirait pouvoir reproduire la musique d'un N°· quelconque ainsi marqué *, il faudrait s'adresser directement à l'auteur ou propriétaire indiqué.*

*Les cantiques marqués * ont été composés spécialement pour ce Recueil. Pour leur reproduction on est prié de s'adresser aux auteurs.*

Les cantiques marqués † ont été empruntés soit aux " Chants Evangéliques " de Lausanne, soit aux "Hymnes et Cantiques" de la Mission Gibson, avec l'autorisation des éditeurs, qui se réservent le droit de reproduction.]

Morceau pour Chœur au commencement du Service divin.

LORIMER AND GILLIES, PRINTERS, 31 ST. ANDREW SQUARE, EDINBURGH.

www.ingramcontent.com/pod-product-compliance
Lightning Source LLC
Chambersburg PA
CBHW072052080426
42733CB00010B/2088